Caro aluno, bem-vindo aos seus recursos digitais!

A partir de agora, você tem à sua disposição um conjunto de recursos educacionais digitais que complementam seus livros impressos e são desenvolvidos especialmente para auxiliar os seus estudos. Veja abaixo como é fácil e rápido o acesso aos recursos integrantes deste projeto.

Como acessar os recursos digitais da SM:

1. Para ter acesso aos recursos digitais você precisa ser cadastrado no *site* da SM. Para isso, no computador, acesse o endereço <www.edicoessm.com.br>.

2. Clique em "Login/Cadastre-se", depois em "Quero me cadastrar" e siga as instruções.

3. Se você **já possui** um cadastro, digite seu *e-mail* e senha para acessar.

4. Após acessar o *site* da SM, entre na área "Ativar recursos digitais" e insira o código indicado abaixo:

COHIS-A7JY6-BWWR7-4...

5. Com seu livro cadastrado em seu perfil, você poderá acessar os recursos digitais usando:

Um computador

Acesse o endereço <www.edicoessm.com.br>. Faça o *login* e clique no botão "Livro digital". Nesta página, você visualizará todos os seus livros cadastrados. Para acessar o livro desejado, basta clicar na sua capa.

Um dispositivo móvel

Instale o aplicativo SM Tablet que está disponível de forma gratuita na loja de aplicativos do dispositivo. Para acessar o SM Tablet, utilize o mesmo *login* e a mesma senha do seu perfil do *site* da SM.

Importante! Não se esqueça de sempre cadastrar seus livros da SM em seu perfil. Assim, você garante a visualização dos seus conteúdos, seja no computador, seja no dispositivo móvel. Em caso de dúvida, entre em contato com nosso **Atendimento**, pelo telefone **0800 72 54876** ou pelo *e-mail* **atendimento@grupo-sm.com**.

convergências
História

7

Charles Hokiti Fukushigue Chiba
- Licenciado e bacharel em História pela Universidade Estadual de Londrina (UEL-PR).
- Especialista em História Social pela Universidade Estadual de Londrina (UEL-PR).
- Professor de História da rede particular de ensino.

Caroline Torres Minorelli
- Licenciada e bacharela em História pela Universidade Estadual de Londrina (UEL-PR).
- Especialista em História e Teorias da Arte pela Universidade Estadual de Londrina (UEL-PR).
- Professora da rede pública de Ensino Fundamental e Ensino Médio no estado do Paraná.

Convergências — História — 7
© Charles Hokiti Fukushigue Chiba, Caroline Torres Minorelli
Todos os direitos reservados

Direção editorial	Juliane Matsubara Barroso
Gerência editorial	Maria Esther Nejm
Gerência de *design* e produção	Marisa Iniesta Martin
Edição executiva	Valéria Vaz
	Edição: Nanci Ricci e Roberta Stracieri
Coordenação de controle editorial	Flavia Casellato
	Suporte editorial: Alzira Aparecida Bertholim Meana, Camila Cunha, Fernanda D'Angelo, Giselle Marangon, Mônica Rocha, Silvana Siqueira, Talita Vieira
Coordenação de revisão	Cláudia Rodrigues do Espírito Santo
Coordenação de *design*	Rafael Vianna Leal
Coordenação de arte	Ulisses Pires
	Edição executiva de arte: Melissa Steiner Rocha Antunes
Coordenação de iconografia	Josiane Laurentino
Produção editorial	Scriba Soluções Editoriais
	Edição: Ana Flávia Zammataro
	Assistência editorial: Alexandre Gomes, Ana Beatriz Accorsi, Denise de Andrade Oliveira
	Preparação: Ana Lúcia Carvalho, Amanda da Silva Santos, Ieda Sant'Ana Rodrigues, Laís Morais Canonico
	Revisão: Adriane Gozzo
	Edição de imagens: Bruno Amancio
	Edição de ilustrações: Natanaele Bilmaia
	Cartografia: E. Bellusci, Débora Ferreira, Paula Radi
	Iconografia: Tulio Sanches Esteves
	Tratamento de imagens: José Vitor E. Costa
	Diagramação: Daniela Oliveira
Capa	Rafael Vianna Leal sobre ilustração de Carlo Giovani
Projeto gráfico	Dayane Ferreira e Marcela Pialarissi
Editoração eletrônica	Luiz Roberto Correa
Fabricação	Alexander Maeda
Impressão	EGB Editora Gráfica Bernardi Ltda.

Dados Internacionais de Catalogação na Publicação (CIP)
(Câmara Brasileira do Livro, SP, Brasil)

Chiba, Charles Hokiti Fukushigue
   Convergências : história, 7º ano : anos finais do ensino fundamental / Charles Hokiti Fukushigue Chiba, Caroline Torres Minorelli. -- 1. ed. -- São Paulo : Edições SM, 2016. -- (Convergências)

   Suplementado pelo manual do professor.
   Vários ilustradores.
   Bibliografia.
   ISBN 978-85-418-1574-1 (aluno)
   ISBN 978-85-418-1576-5 (professor)

   1. História (Ensino fundamental) I. Minorelli, Caroline Torres. II. Título. III. Série.

16-04801   CDD-372.89

Índices para catálogo sistemático:
1. História : Ensino fundamental 372.89

1ª edição, 2016

Edições SM Ltda.
Rua Tenente Lycurgo Lopes da Cruz, 55
Água Branca 05036-120 São Paulo SP Brasil
Tel. 11 2111-7400
edicoessm@grupo-sm.com
www.edicoessm.com.br

"Nascer sabendo é uma limitação porque obriga a apenas repetir e, nunca, a criar, inovar, refazer, modificar. Quanto mais se nasce pronto, mais se é refém do que já se sabe e, portanto, do passado; aprender sempre é o que mais impede que nos tornemos prisioneiros de situações que, por serem inéditas, não saberíamos enfrentar."

Mario Sergio Cortella

Conheça seu livro

O **Projeto Convergências** é estruturado em três eixos: formação cidadã, formação de leitores críticos e educação baseada em valores. Além disso, ele apresenta assuntos interessantes e atuais, que o auxiliarão a desenvolver autonomia, criticidade, entre outras competências importantes para a sua aprendizagem. Quer saber como seu livro está organizado? Conheça o projeto!

Ampliando fronteiras

Na seção **Ampliando fronteiras** você encontrará informações que o levarão a se posicionar criticamente sobre assuntos relevantes e a estabelecer relações entre diversos temas ou conteúdos.

Para isso, organizamos esses assuntos em seis temas convergentes que permitem relacionar o que foi trabalhado em todas as disciplinas e contribuem para a sua formação cidadã. Conheça um pouco sobre cada um deles.

▶ **Expressões culturais**
As discussões propostas nesse tema permitem compreender e valorizar as diferenças étnicas e culturais, além de conhecer mais sobre diferentes manifestações artísticas.

▶ **Gênero e Diversidade**
Nesse tema, são trabalhados assuntos relacionados aos direitos da mulher, à valorização dos povos e da cultura indígena, à identidade de gênero, ao combate às discriminações, entre outros.

▶ **Tecnologia**
Os assuntos trabalhados nesse tema estão relacionados a inovações tecnológicas de diferentes épocas. Afinal, uma das formas de o ser humano se relacionar com o ambiente e com os outros seres vivos é por meio da tecnologia que ele desenvolve ao longo do tempo.

▶ **Ambiente e Sustentabilidade**
Discutir e compreender a responsabilidade de cada um pelo meio em que vive são os objetivos desse tema. Assim, serão apresentados assuntos como a conservação de recursos naturais, a relação do ser humano e das sociedades com o ambiente, entre outros.

▶ **Cidadania**
Nesse tema, são abordados assuntos que conduzem à reflexão sobre o respeito ao outro e a si mesmo, o combate aos preconceitos de todos os tipos, as reivindicações de melhorias nos locais onde vivemos, entre outros aspectos relevantes para uma formação ética.

▶ **Qualidade de vida**
Os assuntos referentes ao bem-estar físico, mental e emocional são tratados nesse tema. Você vai ler e discutir sobre lazer, atividades físicas, saúde pública, alimentação, combate à violência, prevenção de doenças, entre outros tópicos relacionados a esse tema.

Raul Aguiar

Lendo

Nessa seção, você lerá textos de gêneros variados. Começando com a definição do gênero, a seção apresentará questões organizadas nas etapas **Antes da leitura**, **Durante a leitura** e **Depois da leitura**. Essa estrutura foi elaborada para auxiliá-lo na leitura e na interpretação dos textos, permitindo que você desenvolva autonomia e criticidade.

Valores em ação

Nessa seção, o trabalho proposto relaciona os assuntos estudados com valores universais, promovendo a reflexão, a participação e principalmente o respeito pela opinião do colega.

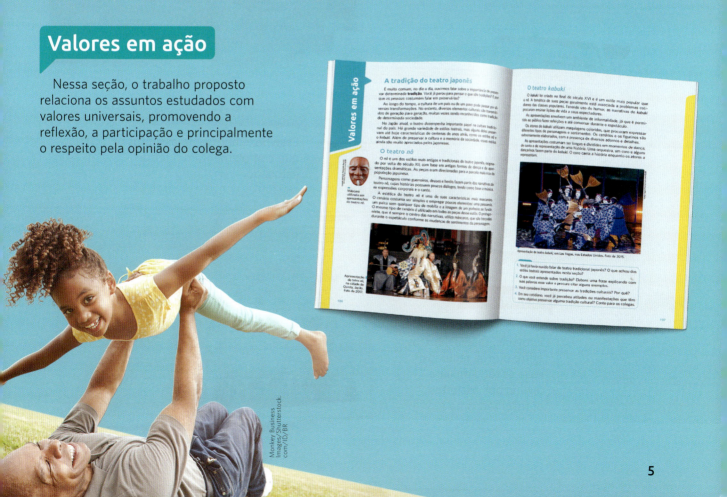

Além das seções que representam os eixos principais, na disciplina de **História**, você também encontrará:

Abertura de unidade

Essas páginas marcam o início de uma nova unidade. Observe a imagem, leia o texto e, com os seus colegas, responda às questões apresentadas.

Iniciando rota

Ao responder a essas questões, você vai se dar conta dos conhecimentos que já possui e perceberá que pode ir além, prosseguindo nessa jornada.

Os conteúdos são organizados por títulos e subtítulos e, sempre que necessário, são propostas questões que permitem a interação entre você e seus colegas. Tudo isso contribui para a sua participação ativa no processo de aprendizagem.

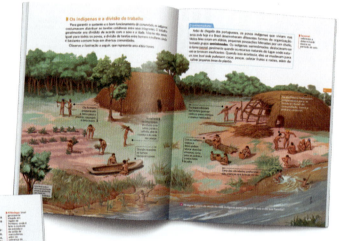

Boxe complementar

Esse boxe apresenta assuntos que complementam o tema estudado.

Saiba mais

Com o auxílio de imagens, tabelas, textos, entre outros recursos, essa seção ampliará alguns dos assuntos apresentados na teoria.

6

Para investigar

Nessa seção, você vai ler e analisar, com o auxílio de um roteiro, diferentes fontes históricas, como documentos pessoais, trechos de cartas e diários, entre outras. A análise de fontes históricas pode revelar informações sobre o passado e auxiliar na compreensão do presente.

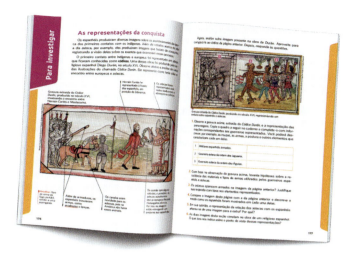

Atividades

Nessa seção, são propostas atividades que **organizam o conhecimento** e permitem **conectar ideias**.

Verificando rota

Aqui você terá a oportunidade de avaliar sua aprendizagem por meio de perguntas que o farão refletir sobre os conhecimentos que você tinha antes de iniciar os estudos, comparando-os com os conhecimentos adquiridos ao longo da unidade.

Aprenda mais

Aproveite as sugestões de livros, filmes e *sites* para aprender um pouco mais sobre o conteúdo estudado.

 Esse ícone marca as atividades que serão realizadas com os colegas.

Ação e construção

Para realizar a atividade proposta nessa seção, você vai trabalhar em equipe. Muitas vezes esse trabalho vai envolver toda a turma e isso será um grande desafio! Atividades assim permitem que você e seus colegas desenvolvam habilidades individuais e coletivas, além de possibilitar a relação entre mais de uma disciplina. Mãos à obra!

 Esse ícone remete a um objeto educacional digital.

7

Sumário

UNIDADE 1 — A Europa na Idade Média ... 12

CAPÍTULO 1 — A Alta Idade Média ... 14
- Crise do Império Romano ... 14
- Formação dos reinos germânicos ... 15
- Suseranos e vassalos ... 16
- A sociedade de ordens ... 17
- O cotidiano medieval ... 18

▌ **Lendo**
- Artigo de opinião ... 20

▌ **Atividades** ... 22

▌ **Para investigar**
- As iluminuras medievais ... 24

CAPÍTULO 2 — A Baixa Idade Média ... 26
- As transformações na Europa ... 26
- O comércio e as feiras ... 27
- A mentalidade medieval ... 28
- As Cruzadas ... 29
- A crise do sistema feudal ... 30

▌ **Saiba mais**
- O cinema e a Idade Média ... 32

▌ **Atividades** ... 34

▌ **Ampliando fronteiras**
- A proliferação de epidemias ... 36

UNIDADE 2 — O mundo árabe e o islamismo ... 38

CAPÍTULO 3 — Os árabes e a formação do islamismo ... 40
- A península Arábica ... 40
- O nascimento do islamismo ... 41
- A expansão do islamismo ... 42
- A formação do Império Islâmico ... 44

▌ **Saiba mais**
- A população islâmica no mundo ... 46

▌ **Atividades** ... 48

CAPÍTULO 4 — A cultura islâmica ... 50
- Os pilares do islamismo ... 50
- Arquitetura islâmica ... 52
- A literatura islâmica ... 54
- Ciências ... 55

▌ **Valores em ação**
- O islamismo e a valorização do conhecimento ... 56

▌ **Atividades** ... 58

▌ **Ampliando fronteiras**
- A proibição do uso do véu: preconceito religioso? ... 60

UNIDADE 3 — Os povos da África ... 62

CAPÍTULO 5 — Conhecer a história da África ... 64
- Sociedades e culturas da África ... 65
- A diversidade do continente africano ... 66
- **Saiba mais**
  - A música tuaregue ... 70
- **Atividades** ... 72

CAPÍTULO 6 — Reinos e impérios da África ... 74
- As sociedades do Sahel ... 74
- Os reinos iorubás ... 78
- Os povos bantos ... 79
- **Lendo**
  - Quarta capa de livro ... 80
    - **Para investigar**
      - A arte iorubá: os relevos de Benin ... 82
        - **Atividades** ... 84
        - **Ampliando fronteiras**
          - Os griôs e a tradição oral ... 86

UNIDADE 4 — O Oriente: China e Japão ... 88

CAPÍTULO 7 — A China imperial ... 90
- O Império enfraquecido ... 90
- A reunificação do Império ... 90
- A sociedade imperial ... 92
- Cultura e tecnologia ... 94
- **Atividades** ... 96

CAPÍTULO 8 — A formação do Japão ... 98
- Reinos e impérios ... 98
- Períodos da história do Japão ... 99
- A sociedade na época do xogunato ... 100
- A religiosidade ... 102
- O contato com o Ocidente ... 103
- **Saiba mais**
  - O *bushido*, código de conduta dos samurais ... 104
- **Valores em ação**
  - A tradição do teatro japonês ... 106
- **Atividades** ... 108
- **Ampliando fronteiras**
  - Livro: do papiro ao digital ... 110

UNIDADE 5 — A América antes dos europeus ... 112

CAPÍTULO 9 — Povos da América ... 114
- Os maias ... 115
- Os astecas ... 118
- Os incas ... 120
- **Saiba mais**
  - O cultivo do milho na América ... 122
- **Atividades** ... 124

CAPÍTULO 10 — Os nativos do Brasil ... 126
- Uma diversidade de povos ... 126
- **Valores em ação**
  - Respeito aos indígenas ... 130
- **Atividades** ... 132
- **Ampliando fronteiras**
  - A pintura corporal indígena ... 134

UNIDADE 6 — A Europa Moderna ... 136

CAPÍTULO 11 — O Renascimento europeu ... 138
- Uma época de transição ... 138
- A visão de mundo renascentista ... 140
- A difusão do Renascimento ... 143
- **Para investigar**
  - As técnicas de pintura no Renascimento ... 144
- **Atividades** ... 146

CAPÍTULO 12 — A expansão marítima europeia ... 148
- As explorações marítimas ... 148
- As navegações portuguesas e espanholas ... 149
- **Saiba mais**
  - A formação dos Estados modernos na Europa ... 151
  - O dia a dia em alto-mar ... 152
  - A Europa depois da expansão marítima ... 154
- **Atividades** ... 155

CAPÍTULO 13 — As Reformas religiosas e a reação da Igreja católica ... 156
- A crise da Igreja católica ... 156
- A Reforma protestante ... 158
- A Contrarreforma ... 160
- **Atividades** ... 162
- **Ampliando fronteiras**
  - Caça às bruxas ... 164

UNIDADE 7 — A colonização da América ... 166

CAPÍTULO 14 — A América espanhola ... 168
- Os primeiros contatos entre os europeus e os povos indígenas da América ... 168
- A queda e a conquista do Império Asteca ... 168
- A conquista do Império Inca ... 169
- A administração das colônias ... 170

▌ **Lendo**
- Relato histórico ... 172
- Os povos indígenas na atualidade ... 174

▌ **Para investigar**
- As representações da conquista ... 176

▌ **Atividades** ... 178

CAPÍTULO 15 — A América portuguesa ... 180
- A chegada dos portugueses ao litoral do Brasil ... 180
- A colonização do território ... 182
- O Governo-Geral ... 184
- As relações entre indígenas e portugueses ... 185

▌ **Saiba mais**
- Ingleses e franceses na América ... 186

▌ **Atividades** ... 188

▌ **Ampliando fronteiras**
- Os estudos naturalistas ... 190

UNIDADE 8 — O Brasil colonial ... 192

CAPÍTULO 16 — A escravidão e a produção colonial ... 194
- Uma atividade lucrativa ... 195
- O engenho açucareiro ... 196
- A resistência à escravidão ... 199

▌ **Valores em ação**
- A luta pela dignidade ... 200
- A sociedade colonial ... 202

▌ **Lendo**
- Receita ... 204

▌ **Atividades** ... 206

CAPÍTULO 17 — Os holandeses no Brasil ... 208
- A ocupação do Nordeste ... 209

▌ **Saiba mais**
- Arte e ciência no Brasil holandês ... 210
- A expulsão dos holandeses ... 211

▌ **Atividades** ... 212

▌ **Ampliando fronteiras**
- As comunidades quilombolas ... 214

▌ **Ação e construção**
- Feira da cultura afro-brasileira ... 216

▌ **Aprenda mais** ... 220

▌ **Referências bibliográficas** ... 223

UNIDADE

1
A Europa na Idade Média

O que você imagina quando ouve falar em Idade Média? Você já deve ter visto filmes, livros, histórias em quadrinhos, jogos e séries de televisão ambientados na Idade Média.

Nesta unidade, vamos conhecer melhor esse período histórico da Europa, que ocorreu entre os séculos V e XV, e que, por vários motivos, desperta interesse até os dias de hoje.

Agora vamos estudar...

- aspectos do feudalismo e da sociedade feudal;
- o cotidiano na Alta Idade Média;
- as transformações técnicas e econômicas na Baixa Idade Média;
- as Cruzadas;
- a crise do sistema feudal.

Iniciando rota

1. Quais elementos típicos do mundo medieval podem ser identificados na cena do filme mostrada nestas páginas?

2. Cite o nome de algum livro, filme ou jogo que seja ambientado na Idade Média.

3. Muitos costumes da Idade Média estão presentes em nosso cotidiano. Você sabe dizer quais? Conte para os colegas.

Cena do filme *Camelot*. Direção: Joshua Logan. Estados Unidos, 1967 (179 min).

CAPÍTULO 1

A Alta Idade Média

Reis, cavaleiros, damas, padres... Quando falamos sobre a Idade Média, são esses sujeitos históricos que geralmente nos vêm à lembrança. De fato, essas pessoas faziam parte do mundo medieval, porém não são as únicas.

Para entendermos esse período, precisamos compreender as transformações pelas quais o Império Romano passou na Europa e a formação de reinos germânicos nessa região. Vamos relembrar.

Alta e Baixa Idade Média

Em geral, os historiadores consideram que a Idade Média teve início após a queda do Império Romano do Ocidente, em 476, e se estendeu até 1453, ano de conquista da cidade de Constantinopla pelos turcos. Para facilitar seus estudos, geralmente eles dividem esse período em: **Alta Idade Média** (séculos V a X) e **Baixa Idade Média** (séculos XI a XV).

Crise do Império Romano

Os romanos formaram um dos impérios mais poderosos da Antiguidade. Durante quase mil anos, eles dominaram grande parte da Europa, estabelecendo seu sistema político e social.

Por volta do ano 100, os romanos passaram a enfrentar uma grave crise econômica, que afetou diversos aspectos da sociedade e fragilizou o Império. No século III, com a intensificação da crise, os governantes romanos aumentaram os impostos, causando grande insatisfação entre a população, principalmente entre os mais pobres. Nesse contexto, muitas pessoas migraram para o campo em busca de trabalho e melhores condições de vida.

As migrações

Nessa época, alguns povos germânicos, como os francos, os visigodos e os vândalos, começaram a migrar para regiões que faziam parte do Império Romano. Muitos se estabeleceram nesses territórios por meio de acordos com os governantes, prestando serviços em troca de terra e moradia. Outros, por sua vez, promoveram invasões militares.

Por volta do século V, as migrações de povos germânicos para o interior do Império se intensificaram, até que no ano de 476 o líder de um desses povos, Odoacro, invadiu a cidade de Roma e depôs o imperador Rômulo Augusto.

Odoacro depõe o imperador romano Rômulo Augusto, em 476. Xilogravura de artista desconhecido, século XIX.

Formação dos reinos germânicos

Com a queda do Império Romano, a partir do século V, a economia tornou-se essencialmente agrária e, na política, houve a fragmentação do poder exercido até então de maneira centralizada. Além disso, a Igreja católica se fortaleceu e se tornou, no Ocidente, uma instituição poderosa e influente.

No decorrer do tempo, diversos reinos germânicos foram formados nas regiões do antigo Império, como na península Itálica, na Gália (atual França) e na Bretanha (atual Reino Unido).

> **Península:** porção de terra cercada de água, exceto por um dos lados, que se liga a uma extensão maior de terra.
> **Conversão:** mudança, ato de converter-se, ou seja, tornar-se adepto ou seguidor de uma religião.
> **Monge:** religioso que vive em mosteiro (espécie de habitação para religiosos), onde se dedica a diversas atividades, como rituais e trabalhos comunitários.

O Reino Franco

Fundado no ano de 481, na Gália, o Reino Franco foi um dos mais poderosos reinos germânicos, principalmente por causa da aliança entre seus governantes e a Igreja, com a conversão do rei Clóvis ao catolicismo, por volta de 495. Com o apoio da Igreja, Clóvis uniu os francos e fundou a **dinastia Merovíngia**.

Na passagem do século VIII para o IX, esse reino foi governado por Carlos Magno, que liderou a fundação do **Império Carolíngio**. Sob seu governo, os francos conquistaram muitos territórios, derrotando militarmente diversos povos e convertendo-os ao cristianismo.

Os governantes francos impuseram uma nova organização política nos territórios dominados, que foram divididos em condados administrados por condes e marqueses, nobres leais ao Império Carolíngio.

Para a formação educacional desses administradores, Carlos Magno reuniu diversos intelectuais para alfabetizar e instruir os clérigos, os nobres e os seus familiares. Nessa época, foram construídas escolas e bibliotecas, estimulou-se a produção intelectual e os monges copistas reproduziram várias obras da Antiguidade. Muitas dessas obras são conhecidas hoje por causa das chamadas cópias carolíngias.

Esse período de valorização da cultura e de recuperação da produção intelectual da Antiguidade ficou conhecido como **Renascença Carolíngia**.

Após a morte de Carlos Magno, em 814, seus sucessores não conseguiram manter a unidade administrativa do Império. Sem uma autoridade central, os grandes senhores de terras passaram a exercer maior poder e influência em suas regiões.

Representação da coroação de Carlos Magno pelo papa Leão III, no ano 800, fato que selou a aliança entre o Império Carolíngio e a Igreja católica. Iluminura de autoria desconhecida extraída de *Grandes Chroniques de France*, obra escrita no século XIV.

Entre os livros produzidos durante a Renascença Carolíngia, havia os de cunho religioso. Ao lado, de autoria desconhecida, iluminura representando São Mateus extraída da obra *Ebbo Gospels*, escrita no século IX.

Suseranos e vassalos

Durante a Idade Média, houve uma fragmentação do poder político, que passou a ser exercido pelos grandes proprietários de terras, chamados **senhores feudais**. O poder deles era baseado nas relações de vassalagem, um costume germânico que consistia nos laços de fidelidade e honra entre um **suserano** e um **vassalo**, em troca de diversos benefícios.

Os benefícios oferecidos pelos suseranos em troca da fidelidade dos vassalos eram chamados **feudos**. Os feudos eram diversificados, podiam ser objetos de valor, ou mesmo o direito de cobrança de impostos em determinada região. No entanto, o mais comum era a doação de terras que formavam uma propriedade feudal.

Essas relações sociais de vassalagem influenciaram o sistema de organização política, econômica e social da Idade Média, que ficou conhecido como **feudalismo**. A propriedade das terras ou dos feudos garantia aos senhores feudais os poderes políticos de exercer autoridade administrativa, jurídica e militar em seus domínios.

Os castelos

Nos feudos territoriais, existiam construções conhecidas como castelos, que cumpriam basicamente duas funções: a de defesa militar, constituindo uma fortaleza, e a de habitação, servindo de moradia para o senhor feudal e sua família. Nesse local, viviam também parentes, criados e soldados encarregados da defesa do castelo.

Até o século XI, muitos castelos eram construções simples, de pequenas dimensões e feitos de madeira. Depois passaram a ser construídos com pedras, circundados por grandes muralhas e fossos, e a abranger grandes dimensões.

Ao redor do castelo e dentro das muralhas, havia o pátio, onde ficavam as estrebarias e os canis. No local havia também lojas de artesanato, ferrarias, poços para a captação de água e outros elementos importantes para a vida no castelo.

Os feudos territoriais, ou mansos senhoriais, eram habitados por camponeses, que cultivavam as terras do senhor feudal e lhes forneciam os meios de vida. Além disso, eles criavam animais, produziam vinho, utensílios domésticos, tecidos e outros produtos manufaturados. Ao lado, representação de um feudo medieval do século XII. Litogravura de Peter Dunn, feita no século XX.

A sociedade de ordens

Durante a Idade Média, a sociedade era formada por camadas sociais bem definidas, que determinavam a origem do indivíduo. Essas camadas eram chamadas de **ordens** e estavam divididas em **clero**, **nobreza** e **trabalhadores**. Havia pouca possibilidade de mobilidade social das pessoas entre as três ordens.

O clero

Entre os membros do clero estavam o papa, os bispos e os cardeais, os quais desfrutavam de grande poder e prestígio na Idade Média.

Esses religiosos não pagavam impostos e frequentemente recebiam doações de terras dos senhores feudais. Por isso, durante o período Medieval, a Igreja católica tornou-se uma das instituições mais ricas da Europa.

Representação de um cardeal durante a Idade Média. Detalhe de têmpera sobre madeira feita por Giotto, no século XIV. Acervo dos Museus do Vaticano, Cidade do Vaticano. Foto de 2015.

A nobreza

Composta de senhores feudais, cavaleiros, duques, condes e marqueses, a nobreza medieval era detentora de terras e riquezas.

O prestígio social e as riquezas de grande parte dessa ordem provinham de sua formação militar e de sua atuação em campanhas militares de conquista contra invasores ou mesmo contra outros senhores feudais.

Além disso, como a agricultura era uma das principais atividades econômicas do período Medieval, a exploração do trabalho dos camponeses nas terras dos nobres garantia riquezas e grande poder político à ordem da nobreza.

Representação de um nobre cavaleiro do período Medieval. Iluminura extraída da obra *Liber Floridus*, de Lambert, escrita no século XII.

Os trabalhadores

A ordem dos trabalhadores reunia principalmente a população camponesa que se dedicava à agricultura e à pecuária. Os camponeses dividiam-se em:

- **servos** — trabalhavam nas terras dos senhores feudais em troca de proteção e do uso de parte delas para o próprio sustento e de sua família. Eles não tinham liberdade para deixar essas terras e eram obrigados a pagar diversos tributos aos seus senhores (veja o boxe ao lado);
- **vilões** — trabalhavam nas terras dos senhores feudais e podiam ser proprietários de pequena parte delas em troca de proteção. Diferentemente dos servos, eram livres para deixar essas terras caso desejassem;
- **escravos** — exerciam diversas atividades nos castelos dos nobres aos quais pertenciam e não possuíam nenhuma liberdade.

Tipos de tributos

Corveia: trabalho não remunerado realizado nas terras senhoriais.

Talha: parte de tudo o que era produzido pelos servos.

Banalidades: taxas pagas pelo uso de equipamentos da propriedade feudal, como moinho e forno.

Capitação: imposto pago por cada servo que vivia no feudo.

O cotidiano medieval

Durante a Idade Média, de maneira geral, houve grande influência da Igreja católica em diversos aspectos do cotidiano da sociedade europeia. Conheça a seguir algumas características do cotidiano medieval.

Festas

> **Pagão:** termo utilizado para se referir aos que professavam as antigas religiões politeístas europeias.

Diversas festas faziam parte do cotidiano medieval. Na Alta Idade Média, havia um predomínio de antigas comemorações consideradas pagãs pelos cristãos, como as celebrações da chegada da primavera e do solstício de verão.

Ao longo do tempo, a Igreja católica criou comemorações cristãs, muitas delas com o intuito de substituir ou de transformar as antigas celebrações pagãs. A festa de São João, por exemplo, passou a ser comemorada no mesmo dia em que se celebrava o solstício de verão no hemisfério Norte.

As antigas festas pagãs são comemoradas em vários países ainda nos dias de hoje. Essa foto retrata uma festa de São João (celebração do solstício de verão), na cidade de Lyngby, na Dinamarca, em 2014.

Vestimentas

As vestimentas utilizadas durante o período Medieval costumavam variar de acordo com a região da Europa, e características como cores e tipos de tecidos demarcavam as diferenças sociais existentes entre a população.

Os camponeses usavam roupas feitas com tecidos simples e grosseiros, como túnicas curtas amarradas na cintura, que facilitavam sua mobilidade durante o trabalho. Já os nobres vestiam-se de maneira luxuosa, com roupas feitas de seda e de veludo de diversas cores.

Representação de um camponês trabalhando na lavoura. Detalhe de iluminura extraída da obra *Trattato di Medicina*, escrita por Ildebrando da Firenze, no século XIV.

18

Alimentação

Assim como as vestimentas, os tipos de alimentos consumidos pela população medieval também variavam. Entre os nobres, a alimentação era bem diversificada e incluía principalmente o consumo de carnes de diferentes animais, como galinha, carneiro e porco, acompanhadas por vários tipos de verduras, legumes e cereais.

Representação de um banquete de nobres. Detalhe de têmpera sobre madeira feita por Maestro dei Cassoni Jarves, no século XV. Acervo do Museu Correr, Veneza, Itália. Foto de 2015.

Já a alimentação dos camponeses era menos diversificada, baseada no uso de cereais, como trigo e aveia, que eram consumidos na forma de mingaus e pães. Nas raras vezes em que comiam carne, a mais consumida era a de porco, por causa da facilidade de criação desses animais. Para conservar a carne, os camponeses costumavam salgá-la ou defumá-la.

Esse cardápio pouco variado fez com que boa parte da população europeia ficasse suscetível a uma série de doenças relacionadas à baixa ingestão de alimentos ricos em nutrientes e, portanto, necessários à saúde do corpo.

Representação de camponeses comendo pão e sopa. Detalhe de iluminura extraída da obra *Nouviaus dis amoureus*, de Guillaume de Machaut, escrita no século XIV.

Lendo

Artigo de opinião

É um gênero textual expositivo-argumentativo que tem como objetivo apresentar ideias sobre um assunto, fundamentando-as com base em determinado ponto de vista. Geralmente, é publicado em jornais, revistas, livros e sites.

Talvez você ainda não saiba, mas muitos objetos e hábitos de nosso dia a dia tiveram origem na Idade Média. O **artigo de opinião** a seguir, publicado em uma revista, busca explicar melhor esse assunto. Por meio da leitura desse texto, você poderá perceber como o passado e o presente estão constantemente relacionados em nossa cultura.

Antes da leitura

1. Você já leu algum artigo de opinião? Sobre o que ele tratava?
2. Que atividades e utensílios do nosso cotidiano você acredita terem surgido na Idade Média?
3. Com base no título do texto, sobre o que você imagina que ele vai tratar?

LEMBRE-SE!
Na questão **3** você levantou hipóteses que serão confirmadas ou reelaboradas depois da leitura.

Somos todos da Idade Média

Pensemos num dia comum de uma pessoa comum. Tudo começa com algumas invenções medievais: ela põe sua roupa de baixo (que os romanos conheciam mas não usavam), veste calças compridas (antes, gregos e romanos usavam túnica, peça inteiriça, longa, que cobria todo o corpo), passa um cinto fechado com fivela (antes ele era amarrado). A seguir, põe uma camisa e faz um gesto simples, automático, tocando pequenos objetos que também relembram a Idade Média, quando foram inventados, por volta de 1204: os botões. Então ela põe os óculos (criados em torno de 1285, provavelmente na Itália) e vai verificar sua aparência num espelho de vidro (concepção do século XIII). Por fim, antes de sair olha para fora através da janela de vidro (outra invenção medieval, de fins do século XIV) para ver como está o tempo.

[...]

Sentindo fome, a pessoa levanta os olhos e consulta o relógio na parede da sala, imitando gesto inaugurado pelos medievais. Foram eles que criaram, em fins do século XIII, um mecanismo para medir o passar do tempo, independentemente da época do ano e das condições climáticas. Sendo hora do almoço, a pessoa vai para casa ou para o restaurante e senta-se à mesa. Eis aí outra novidade medieval! Na Antiguidade, as pessoas comiam recostadas numa espécie de sofá, apoiadas sobre o antebraço. Da mesma forma que os medievais, pegamos os alimentos com colher (criada por volta de 1285) e garfo (século XI, de uso difundido no XIV). [...]

- Por que você acha que o autor utilizou o verbo "pensar" na 3ª pessoa do plural?

- Por que foram empregados parênteses em vários trechos deste parágrafo?

- Com que intenção o ponto de exclamação foi empregado neste trecho?

Durante a leitura

À medida que for lendo:
a) verifique o ponto de vista do autor sobre o tema discutido;
b) retire do texto e copie no caderno as situações cotidianas que têm origem medieval;
c) relacione a ideia contida no título com o que está sendo desenvolvido no artigo.

Depois da leitura

1. Com base no título, você conseguiu imaginar sobre o que o artigo iria tratar? Explique.
2. Você conhecia as informações apresentadas no artigo? Quais você achou mais interessantes? Exemplifique citando um trecho do texto.
3. Explique em que consiste a afirmação do autor de que somos todos da Idade Média. Você concorda com isso? Por quê?
4. Quais dos costumes mencionados no texto estão presentes em sua vida? Conte para os colegas.

À noite, enfim, a pessoa vai à universidade, instituição que em pleno século XXI ainda guarda as características básicas do século XII, quando surgiu. As aulas, com frequência, são dadas a partir de um texto que é explicado pelo professor e depois debatido pelos alunos. Alguns deles recebem um auxílio financeiro para poder estudar, como no colégio fundado pelo cônego Roberto de Sorbon (1201-1274) e que se tornaria o centro da Universidade de Paris. Depois de mais um dia de trabalho e estudo, algumas pessoas querem relaxar um pouco e passam na casa de amigos para jogar cartas, divertimento criado em fins do século XIV, como lembram os desenhos dos naipes e a existência de reis, rainhas e valetes. Outros preferem manter a mente bem ativa e vão praticar xadrez, jogo muito apreciado pela nobreza feudal, daí a presença de peças como os bispos, as torres e as rainhas. [...]

O autor cita exemplos de divertimentos da época, como o costume de jogar cartas, buscando, assim, uma aproximação com o leitor.

Hilário Franco Júnior. Somos todos da Idade Média. *Revista de História da Biblioteca Nacional*. Rio de Janeiro: Sociedade dos Amigos da Biblioteca Nacional (Sabin), n. 30, p. 59-60, mar. 2008.

Atividades

Organizando o conhecimento

1. Que século marcou o início e qual marcou o fim da Idade Média? Esse período de tempo compreende quantos séculos ao todo?

2. Qual é a relação entre o feudalismo e a prática da vassalagem?

3. Imagine que você seja um filho de camponeses da Idade Média. Com base nisso, escreva um pequeno texto sobre alguns aspectos de seu cotidiano.

4. A sociedade medieval era dividida em ordens. Observe a tabela a seguir, reproduza-a e complete as lacunas em seu caderno.

Ordem	Integrantes
Clero	
Nobreza	
Trabalhadores	

Conectando ideias

5. **Leia** o texto e **analise** a imagem. Depois, responda às questões.

Vida de camponês

As buscas arqueológicas permitiram encontrar utensílios de cozinha e deduzir o tipo de alimentação consumida pelo pobre medieval, quase sempre à base de cereais. O consumo de pão era grande — e diminuía à medida que se subia na escala social. Comiam-se ainda lentilhas, ervilhas, um pouco de peixe, pequenas caças ou carne de animais domésticos, com variações regionais de cardápio.

[...]

Jean Verdon. Vida de camponês. *História Viva*: Especial Grandes Temas. São Paulo: Duetto Editorial, n. 32, p. 48.

Representação do processo de produção de um dos alimentos mais consumidos pelos camponeses na Idade Média. Detalhe de iluminura extraída da obra *Tacuinum sanitatis*, escrita no século XIV.

a) De acordo com o texto, como os estudiosos conseguiram descobrir qual era a alimentação da população pobre durante o período Medieval?

b) **Descreva** a imagem. Que produto está sendo feito?

c) **Relacione** a imagem com o texto e **comente** sobre a alimentação de um camponês no período em estudo.

6. Para defender os feudos, os senhores feudais dispunham de guerreiros treinados na arte da cavalaria. Além de defender os territórios, os cavaleiros também participavam de campanhas militares, invadindo territórios inimigos. Para se protegerem nas batalhas, eles usavam uma armadura. **Leia** a seguir as informações sobre as partes da armadura e, no caderno, **relacione-as** com as respectivas letras representadas na foto.

1 **Elmo**: protegia a cabeça e o rosto do cavaleiro.

2 **Perneira**: era composta de quatro peças: o coxote, que protegia as coxas; a joelheira; a greba, que protegia a canela; e o escarpe, que cobria os pés do guerreiro.

3 **Braço de ferro**: era composto de quatro peças: o espaldar, que protegia os ombros; as placas de braço e antebraço; e a cotoveleira.

4 **Manopla**: peça que protegia o punho e a mão do cavaleiro.

5 **Cota de malha**: feita de anéis de ferro entrelaçados, era usada para proteger o cavaleiro do golpe de algumas armas cortantes.

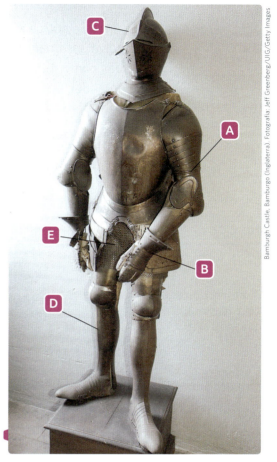

Armadura medieval do século XV. Acervo do castelo de Bamburgo, Bamburgo, Inglaterra. Foto de 2015.

7. Com base no texto a seguir, **interprete** as alternativas. Depois, **copie** em seu caderno as que considerar corretas e **corrija** as incorretas.

> [...] Graças à [Renascença Carolíngia] foram conservadas algumas obras literárias clássicas [...] que, do contrário, hoje estariam perdidas. Cada mosteiro, preocupado em ter um exemplar de determinadas obras consideradas básicas, mantinha copistas para que, apesar de lenta e custosamente, fosse formada sua biblioteca. Quase toda igreja de importância média tinha uns 200 ou 300 livros, enquanto o mosteiro de Fulda, na Alemanha, devia parte de seu prestígio ao fato de possuir cerca de 1000 volumes. Formaram-se dessa maneira diversos reservatórios de cultura intelectual, nos quais os séculos seguintes iriam frequentemente beber.
> [...]
>
> Hilário Franco Júnior. *A Idade Média*: nascimento do ocidente. 2. ed. São Paulo: Brasiliense, 2006. p. 107-110.

a) Durante a chamada Renascença Carolíngia, foram conservadas diversas obras literárias.

b) A presença de uma biblioteca não influenciava no prestígio de um mosteiro.

c) Muitas obras clássicas foram preservadas graças ao trabalho dos monges copistas.

d) As bibliotecas formadas durante o período Carolíngio não representaram contribuições culturais para os séculos seguintes.

Para investigar

As iluminuras medievais

Os livros e outros manuscritos produzidos ao longo do período Medieval continham diversas imagens, que eram utilizadas para ilustrar e adornar os textos. Conhecidas como iluminuras, essas imagens auxiliavam as pessoas que não sabiam ler e entender, por exemplo, determinada história bíblica. Veja a análise a seguir.

Alguns temas abordados nas iluminuras representavam cenas relacionadas ao cotidiano da população, como a caça, as festas, o trabalho agrícola, as feiras, as guerras e, também, a religiosidade, como no caso da iluminura abaixo.

Esta imagem representa uma cena religiosa, que mostra a ascensão de Cristo. Observe a presença da auréola e do caráter de superioridade atribuído à figura de Jesus.

Muitas iluminuras tinham ornamentos em ouro, para dar ainda mais destaque às imagens. Além disso, o ouro, por ser um material raro e de preço elevado, atribuía maior importância ao documento.

As primeiras letras da página, do capítulo ou do parágrafo podiam receber um tratamento especial. Por serem ornamentadas, elas ficaram conhecidas como "letras capitulares". Algumas obras literárias da atualidade também utilizam recurso semelhante.

Naquele momento da história europeia, a língua latina ainda era a mais usada nos escritos religiosos, como no caso desse manuscrito.

Além das imagens narrativas e das que continham ouro, as iluminuras podiam ser feitas com base em desenhos estilizados, geométricos ou com uma função meramente ornamental.

Iluminuras de página da Bíblia de Souvigny, escrita no século XII.

24

Agora, analise a iluminura abaixo e responda às questões.

Detalhe de iluminura extraída da obra *Le Livre et la vraye hystoire du bon roy Alixandre*, escrita no século XV.

1. Qual é o tema central da cena representada na iluminura?

2. Você consegue identificar a personagem destacada com a letra **B**? Se a resposta for afirmativa, justifique com elementos da imagem. Em sua opinião, por que essa personagem está em destaque?

3. Descreva o que as pessoas identificadas com as letras **C** e **D** estão fazendo. É possível diferenciá-las das outras pessoas? Como?

4. O recurso identificado com a letra **A** recebe o nome de letra capitular. Você já viu algum livro ou alguns documentos atuais com esse recurso? Conte aos colegas.

5. Em sua opinião, as iluminuras podem ser consideradas fontes históricas? Por quê?

CAPÍTULO 2

A Baixa Idade Média

A passagem da Alta Idade Média para a Baixa Idade Média (século XI ao século XV) foi um período marcado por diversas transformações, que afetaram a economia, a sociedade e a cultura europeia.

As transformações na Europa

Com o fim das invasões estrangeiras, por volta do século X, poucas guerras e conflitos ocorreram na Europa. Iniciou-se uma fase de estabilidade, em que não havia a necessidade constante de dedicar esforços à defesa territorial. Além disso, durante a Baixa Idade Média desenvolveram-se técnicas agrícolas que fizeram a produção de alimentos aumentar. Assim, a população também cresceu bastante, podendo desfrutar de melhorias na qualidade de vida, proporcionadas pelo momento de relativa paz e pela maior disponibilidade de alimentos. Todos esses fatores contribuíram para o renascimento comercial e urbano.

As inovações técnicas

O aumento da produção agrícola foi possível por causa do desenvolvimento de diversas técnicas inovadoras.

O arado, instrumento utilizado para preparar o solo antes do plantio, passou a ser feito de metal (ferro), e não de madeira, que exigia mais força e quebrava facilmente. Com o arado de metal, o solo podia ser revolvido com maior profundidade e seus nutrientes eram mais bem aproveitados.

Representação de servos arando o solo e plantando. Detalhe do afresco *Ciclo dei Mesi*, de Maestro Venceslao, feito por volta do ano 1400. Acervo do castelo do Bom Conselho, Trento, Itália. Foto de 2012.

Outra inovação que tornou o trabalho no campo mais ágil e produtivo foi a utilização do cavalo no lugar do boi para puxar o arado, já que esse animal é mais forte e rápido.

Além disso, os moinhos movidos pela força do vento e da água substituíram a força humana e também facilitaram o processo de moer grãos, usados para fazer pães, sopas e mingaus.

Nesse período, a agricultura passou a ser realizada em campos de **rotação trienal**, nos quais a terça parte de toda a área produtiva ficava em descanso, enquanto os outros dois terços eram cultivados. Anteriormente, a metade dos campos ficava em descanso e, assim, uma área menor poderia ficar disponível para a agricultura.

O comércio e as feiras

Nas proximidades dos castelos, existiam áreas fortificadas denominadas **burgos**, onde viviam pessoas que se dedicavam à produção de diversos artigos artesanais e ao comércio. A partir do século XI, com o crescimento do comércio nos burgos, surgiram feiras que, de tempos em tempos, reuniam comerciantes vindos de vários lugares.

Nessas feiras, promovidas em diversas cidades e ao longo de estradas, eram comercializados produtos como alimentos, tecidos, utensílios domésticos e ferramentas. Frequentadas pelos moradores das cidades e por nobres que viviam nos feudos, essas feiras contribuíram para a ampliação do comércio e também para o desenvolvimento econômico das cidades.

Muitas cidades se desenvolveram por causa das feiras, como a cidade de Provins, na França. Também conhecida como "Cidade das Muralhas", desde 2001 Provins é considerada Patrimônio Mundial pela Organização das Nações Unidas para a Educação, a Ciência e a Cultura (Unesco). Foto de 2009.

As corporações de ofício

O renascimento comercial e urbano do período possibilitou que parte dos trabalhadores camponeses se deslocasse para as cidades, passando a exercer atividades artesanais e comerciais. Assim, com o aumento do fluxo de pessoas nas cidades, novas ocupações surgiram e outras se desenvolveram.

O trabalho artesanal era produzido nas oficinas pelos mestres de ofícios, donos das oficinas e dos instrumentos de trabalho, e por seus aprendizes, geralmente jovens que recebiam em troca moradia e comida.

Com o aumento do número de oficinas nas cidades, os artesãos que exerciam a mesma profissão, por exemplo, sapateiros, alfaiates ou ferreiros, começaram a se organizar e a formar as chamadas **corporações de ofícios**, que tinham como objetivo proteger os interesses dos trabalhadores, regulamentar a profissão e controlar o fornecimento e os preços dos produtos.

Os burgueses

Com o crescimento das atividades econômicas nas cidades, os habitantes dos burgos, conhecidos como **burgueses**, começaram a prosperar. Os burgueses eram trabalhadores livres, portanto não possuíam nenhum tipo de obrigação para com o senhor feudal, não pagavam taxas e não tinham laços de fidelidade. Como comerciantes, mercadores e banqueiros, por exemplo, muitos burgueses enriqueceram e logo passaram a ocupar cargos importantes na administração dos reinos, controlando as atividades econômicas e comerciais.

Os banqueiros

Nas feiras medievais, circulavam muitas moedas diferentes. Para facilitar as negociações, surgiu a figura do cambista, que trocava moedas de diferentes regiões e ficava com uma parte delas como pagamento por seus serviços. No decorrer do tempo, os cambistas passaram a oferecer outros serviços financeiros e ficaram conhecidos como banqueiros.

A mentalidade medieval

Doutrina: conjunto de ideias, teorias ou conceitos de determinado sistema, nesse caso religioso.

Durante a Idade Média, a Igreja católica foi uma instituição que exerceu forte influência nas crenças e nos valores da sociedade. Assim, podemos dizer que o cristianismo foi a principal doutrina formadora das mentalidades do período Medieval.

Os preceitos religiosos estavam presentes em vários aspectos da sociedade, e a religião cristã tinha quase todas as respostas para os fatos da vida na Terra. Quem contrariasse as verdades afirmadas pela Igreja, a qual assegurava que todos os acontecimentos eram vontade de Deus, podia sofrer perseguições.

O fato de a sociedade medieval ser predominantemente agrária tornava-a muito dependente dos recursos da natureza e, portanto, de fenômenos que não podiam ser controlados pelos seres humanos.

O medo e a insegurança eram sentimentos constantes no cotidiano das pessoas. Temiam-se as más colheitas e também a ocorrência de epidemias, que eram consideradas castigos divinos aos pecados cometidos pelas pessoas. Assim, para evitar esses problemas era necessário seguir os dogmas pregados pela Igreja católica.

O Juízo Final, óleo sobre painel feito por Hans Memling, em 1473. Acervo do Museu Nacional, Gdańsk, Polônia. Foto de 2012.

> Observe a pintura e depois responda: quais aspectos da mentalidade medieval podem ser observados nela? Converse com os colegas.

As Cruzadas

No final do século XI, a cidade de Jerusalém, localizada no atual Oriente Médio, foi dominada por turcos muçulmanos. Essa região era conhecida como "Terra Santa", por tratar-se do local onde Jesus Cristo teria vivido.

Em 1095, o papa Urbano II convocou a cristandade europeia a promover expedições para libertar os lugares santos que estavam sob domínio dos que eram considerados infiéis pela Igreja católica. Essas expedições ficaram conhecidas como **Cruzadas**.

A primeira Cruzada teve início em 1096 e foi organizada principalmente por nobres cristãos, que, em 1099, tomaram o controle da cidade de Jerusalém. Depois disso, os muçulmanos fizeram diversas ofensivas contra os cristãos, que tentavam tomar outras cidades e ampliar seu domínio na região. Outras sete Cruzadas foram realizadas até o final do século XIII, e tiveram a participação de pessoas de diferentes grupos da sociedade. Porém, os cristãos não conseguiram manter o controle de Jerusalém, que permaneceu sob o domínio turco.

Diferentes motivações

As motivações e os interesses para a realização das Cruzadas eram diversos.

A Igreja católica visava tomar o controle da "Terra Santa" e ampliar o poder do catolicismo nos territórios do Oriente.

Havia também fiéis católicos que buscavam o perdão de seus pecados, prometido pelo papa caso participassem dessas expedições.

Os nobres que se engajavam nas Cruzadas, por sua vez, buscavam prestígio, além de ampliar suas riquezas, dominando terras e saqueando as cidades invadidas.

Já os comerciantes que transportavam os cruzados em suas embarcações até o Oriente Médio queriam dominar os portos muçulmanos e todo o comércio do mar Mediterrâneo.

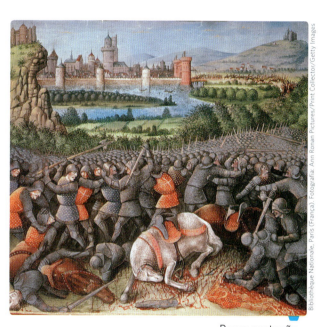

Representação de uma batalha da primeira Cruzada. Detalhe de iluminura extraída da obra *Passages d'outremer*, de Jean Colombe, escrita no século XV.

Algumas consequências das Cruzadas

Mesmo sem atingir o objetivo de dominar Jerusalém, as Cruzadas tiveram importantes consequências, como o crescimento do comércio entre o Oriente e o Ocidente e o acesso dos europeus a produtos valorizados, como joias, tecidos e especiarias. Mercadores italianos, principalmente de Gênova e Veneza, passaram a dominar o comércio no mar Mediterrâneo, o que ajudou a intensificar o crescimento dessa atividade na Europa, contribuindo para o enfraquecimento do sistema feudal.

O contato dos europeus com os orientais possibilitou também trocas culturais, como o acesso aos conhecimentos desenvolvidos por esses povos, à cultura árabe, assim como a importantes textos de antigos filósofos gregos e romanos que foram preservados pelos muçulmanos.

A crise do sistema feudal

No século XIV, após uma fase de crescimento econômico e demográfico na Europa feudal, uma série de eventos, como fome, doenças e guerras, ocasionou uma grave crise que afetou profundamente a população.

Desmatamento e clima

Alguns estudiosos afirmam que o desmatamento de vastas áreas de vegetação nativa para a ampliação de áreas de cultivo no continente europeu, no século XIV, pode ter causado alterações climáticas, como a mudança no regime de chuvas.

Fome

A melhoria das técnicas agrícolas que vinha ocorrendo desde o século XI, como vimos, possibilitou o aumento da produção de alimentos. Porém, no século XIV, ocorreram fortes chuvas e inundações que provocaram a perda de grande parte das colheitas.

Nessa época, o preço do trigo, que era o principal produto consumido pelos europeus, subiu drasticamente, impossibilitando que a população mais pobre se alimentasse adequadamente. Em pouco tempo, a subnutrição e a fome causaram a morte de milhões de pessoas.

Subnutrição: condição gerada pela ingestão insuficiente de alimentos ou pela alimentação deficiente em nutrientes essenciais, como vitaminas e proteínas.

A peste negra

Conhecida atualmente como peste bubônica, a chamada **peste negra** é uma doença infecciosa provocada pela bactéria *Yersinia pestis*. Ela pode ser transmitida aos seres humanos por meio de roedores, principalmente ratos, infestados de pulgas contaminadas, que picam as pessoas e transmitem a bactéria causadora da doença.

A peste negra proliferou-se rapidamente por causa, principalmente, da pobreza e das condições precárias de vida. No século XIV, ela foi responsável pela morte de milhões de pessoas.

A primeira grande epidemia dessa doença ocorreu entre os anos de 1348 e 1349, e acredita-se que a fome e a peste tenham, juntas, vitimado quase um terço da população de toda a Europa na Idade Média.

Representação de enterro de vítimas da peste negra na Europa. Detalhe de iluminura extraída da obra *Chronique et Annales*, de Gilles le Muisit, escrita no século XIV.

30

Revoltas populares

Como vimos, a fome, a peste e as guerras geraram grande sofrimento e sérios problemas à sociedade medieval. No século XIV, a crise de produção agrícola e os gastos gerados pelas guerras levaram os senhores feudais de diferentes regiões da Europa a aumentar os tributos sobre os camponeses.

Por causa disso, houve diversas revoltas populares. No norte da França, por exemplo, ocorreu uma série de rebeliões em 1358 conhecidas como **Jacqueries**. Revoltados com a situação de miséria agravada pelo aumento de tributos, os camponeses invadiram e saquearam diversas propriedades de senhores feudais. As revoltas foram duramente reprimidas pelos exércitos senhoriais, causando a morte de aproximadamente 20 mil camponeses.

> **A Guerra dos Cem Anos**
>
> A Guerra dos Cem Anos foi um conflito que envolveu a França e a Inglaterra em disputas sucessórias após a morte do rei francês Carlos IV, em 1328.
>
> O rei inglês Eduardo III, que era seu sobrinho, reivindicou o trono, mas teve de disputá-lo com Filipe de Valois, francês, que também era sobrinho de Carlos IV. Os conflitos se iniciaram em 1337, quando Eduardo III proclamou-se rei da França e da Inglaterra. Entre avanços, recuos e grande número de mortes, a guerra terminou em 1453, com a vitória dos franceses.
>
> Uma das consequências da Guerra dos Cem Anos foi o fortalecimento do poder dos reis na França e na Inglaterra, que se encontravam até então sob a dominação local de vários nobres.

Nas cidades também houve revoltas, como no sul da França, entre 1366 e 1384, onde trabalhadores urbanos, juntamente com camponeses, formaram grupos armados chamados de **Tuchins**, que se revoltaram contra a miséria e contra o aumento de impostos. Assim como as Jacqueries, os Tuchins também foram duramente reprimidos.

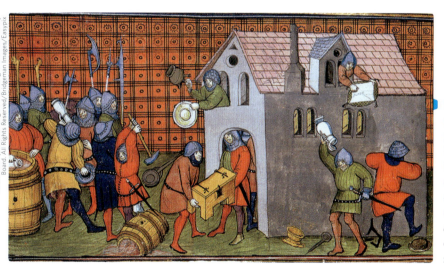

Representação de revolta popular em Paris, na França. Detalhe de iluminura extraída da obra *Chroniques de France*, escrita no século XIV.

Como consequência da fome, da peste negra, das revoltas populares e das guerras, o sistema feudal foi aos poucos se desestruturando. A nobreza ficou enfraquecida e muitos senhores feudais perderam suas terras, que foram compradas por burgueses. A burguesia, por outro lado, crescia cada vez mais e se tornava mais rica e influente, passando a apoiar a concentração de poderes nas mãos dos reis em busca de benefícios, como a unificação da moeda, que favorecia as atividades comerciais. Esses fatores deram início a um período chamado Idade Moderna, que estudaremos nas próximas unidades.

O cinema e a Idade Média

Você já assistiu a algum filme ambientado na Idade Média? Diversos filmes que fazem referência a esse período já foram produzidos. Mas, afinal, o que eles nos dizem sobre a Idade Média?

Muitos dos filmes que abordam esse tema são produtos da indústria do entretenimento, por isso têm como principal objetivo divertir o público, e não ensinar História. Assim, de maneira geral, são filmes que trazem mais informações sobre a sociedade atual e a maneira como ela se apropria do passado do que sobre o período histórico representado.

Entretanto, muitos filmes têm a colaboração de historiadores durante sua produção e, ao tratar de um tema histórico, essas obras nos ajudam a ter um primeiro contato com determinado assunto e a levantar questões e debates sobre o que foi representado nas telas.

Vamos conhecer alguns dos filmes que abordam o período Medieval.

Cruzada

A história do filme se passa no século XII, entre a segunda e a terceira Cruzada. Nela, o ferreiro Balian de Ibelin junta-se ao exército dos cruzados para chegar até a cidade de Jerusalém, onde passa a dedicar-se à manutenção da paz na "Terra Santa", após herdar as terras e o título de nobreza de seu pai, que atuava com esse objetivo na região.

Um destaque desse filme foi a sua produção. Diversas pesquisas históricas foram feitas para reproduzir os cenários, as armaduras, as roupas, os capacetes e as armas do período.

Cena do filme *Cruzada*. Direção: Ridley Scott. Estados Unidos, 2005 (145 min).

O Nome da Rosa

Baseado no livro de mesmo nome, escrito pelo italiano Umberto Eco, *O Nome da Rosa* é um suspense que narra a investigação de uma série de mortes em um mosteiro europeu durante o século XIV.

As filmagens foram realizadas em um antigo mosteiro medieval. Além disso, houve bastante cuidado na reprodução dos costumes, das roupas, dos móveis e das ferramentas do período.

Entre outras questões, o filme levanta discussões sobre o papel da Igreja na difusão do conhecimento durante o período Medieval, assim como sobre os valores cristãos.

Cena do filme *O Nome da Rosa*. Direção: Jean-Jacques Annaud. França, Itália, Alemanha, 1986 (130 min).

O incrível exército de Brancaleone

Produzido na Itália em meados da década de 1960, o filme é uma sátira aos valores associados à cavalaria medieval, como a honra e a coragem.

A história se passa na península Itálica durante a Baixa Idade Média e narra as aventuras de Brancaleone da Nórcia, um cavaleiro que comanda um pequeno e atrapalhado exército.

Tratando de temas comuns da Idade Média, como a peste, a fome e a guerra, o filme sugere um debate sobre o poder da Igreja e as relações sociais durante esse período.

> **Sátira:** neste caso, obra que usa a ironia para criticar ou ridicularizar algo.

Cena do filme *O incrível exército de Brancaleone*. Direção: Mario Monicelli. Itália, 1966 (120 min).

- Você já assistiu a algum dos filmes mencionados nestas páginas ou a algum outro que aborde o período da Idade Média?

Atividades

Organizando o conhecimento

1. Quais foram os principais fatores que contribuíram para a formação da mentalidade medieval?

2. Observe o esquema a seguir. Depois, elabore um texto evidenciando as relações entre os aspectos citados e o processo representado.

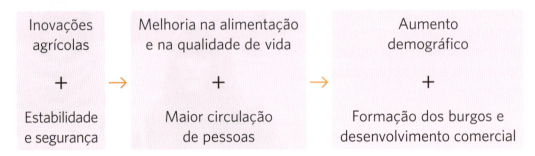

3. Explique a crise do sistema feudal, no século XIV, comentando os principais fatores que influenciaram nesse processo.

Conectando ideias

4. **Observe** a imagem abaixo e responda às questões.

Representação de uma feira medieval. Detalhe de iluminura extraída da obra *Grandes Chroniques de France*, escrita no século XIV.

a) **Descreva** a cena representada.
b) **Identifique** alguns dos produtos representados na imagem.
c) Qual a importância das feiras no período da Baixa Idade Média?
d) **Explique** como surgiu o grupo social denominado burguesia. Utilize elementos da imagem para compor sua resposta.

5. **Leia** e **analise** os textos a seguir sobre as Cruzadas. Depois, responda às questões.

Texto 1

[...]
Da reunião dos [...] elementos da mentalidade feudal [...] é que surgiu o espírito de Cruzada: a) Deus é o Senhor do mundo e os homens, sendo seus vassalos, devem servi-Lo, recuperando as regiões roubadas pelos infiéis, pagãos e heréticos; b) a Cruzada é uma peregrinação armada, um exército de penitentes, de pecadores buscando indulgência [...]; c) a honra cavaleiresca que se busca numa Cruzada não pode ser obtida de outra forma nem ao longo de toda uma vida; d) o caráter sagrado dos locais disputados reforça a obrigação dos homens para com seu Senhor e torna-os "soldados de Cristo" [...].

Hilário Franco Júnior. *As Cruzadas*: guerra santa entre Ocidente e Oriente. São Paulo: Moderna, 1999. p. 26 (Coleção Polêmica).

Peregrinação: viagem realizada com finalidade religiosa, geralmente em direção a um lugar considerado sagrado.

Penitente: aquele que se arrepende dos pecados.

Indulgência: absolvição ou perdão dos pecados.

Texto 2

[...] Hoje se reconhece que as Cruzadas foram marcadas por violações, saques e pilhagem, no traçado de Constantinopla a Jerusalém. [...] Entretanto, as Cruzadas tiveram seu lado positivo. Os ocidentais descobriram no Oriente uma nova civilização, antes menosprezada, o que provocou uma certa miscigenação. Além disso, nos domínios médico, artístico e de arquitetura, o Ocidente aprendeu muito sobre o Oriente e o Islã. [...]

Jacques Duquesne. Olhares Cruzados. *História Viva*, São Paulo, Duetto Editorial, n. 15, p. 43, jan. 2005.

a) Qual dos textos apresenta as motivações das Cruzadas? E qual deles aborda as consequências? **Justifique** sua resposta utilizando trechos dos textos.

b) **Argumente** sobre alguns dos motivos que, segundo Hilário Franco Júnior, fizeram surgir o espírito de Cruzada.

c) O texto **2** apresenta pontos positivos e pontos negativos a respeito das Cruzadas. **Comente** e **opine** sobre esses argumentos apresentados pelo autor.

Como você resumiria cada capítulo estudado nesta unidade? Anote no caderno os temas que você considera mais importantes. Depois, compare com as anotações de um colega. As suas anotações são parecidas com as de seu colega? Para finalizar, procure responder aos seguintes questionamentos.

- Nesta unidade, sobre qual assunto você gostaria de aprofundar seus estudos? Por quê?
- Você buscou informações complementares sobre alguns dos temas estudados utilizando outros recursos? Mencione quais temas e quais recursos foram esses.
- Você teve alguma dúvida ou dificuldade para estudar os conteúdos da unidade? Quais?
- Você acredita que os temas estudados nesta unidade o ajudaram a compreender melhor o período da Idade Média?

Ampliando fronteiras

A proliferação de epidemias

A peste negra, como vimos anteriormente, matou milhões de pessoas na Europa no século XIV. A causa da doença era um mistério na época e afligia a população. Influenciados pelo pensamento religioso, muitos acreditavam que a peste negra era um castigo divino que acometia os pecadores.

Hoje sabe-se que a doença, também conhecida como peste bubônica, foi causada pelas pulgas de ratos infectados por uma bactéria. Fatores como a falta de higiene e a ausência de saneamento básico nas cidades contribuíram para que essa doença se proliferasse.

Os surtos de doenças na atualidade

Desde a época da epidemia da peste negra, os surtos de doenças têm sido uma preocupação da população e dos governos de muitos países. Atualmente, apesar dos avanços médicos, ainda ocorrem surtos de doenças que afetam milhões de pessoas.

No Brasil, a dengue é uma das doenças que mais têm afetado a população. Em 2015, por exemplo, foram mais de 1,5 milhão de casos. A dengue é transmitida pelo mosquito *Aedes aegypti*, que se reproduz principalmente em lugares onde há água parada. Para impedir a proliferação do inseto, as medidas de saneamento básico são fundamentais. Contudo, todos nós temos responsabilidade no combate a esse mosquito. Leia o texto a seguir para saber um pouco mais sobre a dengue.

Combate à dengue

É fundamental conscientizar as pessoas de que combater o mosquito da dengue, além de responsabilidade dos órgãos governamentais que deveriam encarregar-se do saneamento básico, abastecimento de água e de campanhas educativas permanentes, requer empenho de toda a sociedade, uma vez que o *Aedes aegypti* pode encontrar, em cada moradia e arredores, ambiente propício para sua proliferação.

Drauzio Varella. Combate à dengue. *Dr. Drauzio*. Disponível em: <http://drauziovarella.com.br/drauzio/combate-a-dengue>. Acesso em: 8 jun. 2016.

1. Converse com os colegas sobre o texto acima. Além de medidas que implementem o saneamento básico, quais são as medidas que todos nós devemos adotar para combater a dengue?

2. Atualmente, os surtos de doenças são mais fáceis de serem controlados do que no período em que a peste negra se alastrou pelo mundo. Você concorda com essa afirmação? Se julgar necessário, releia os textos apresentados e, depois, comente seu posicionamento com os colegas.

3. Você conhece as políticas públicas de saneamento básico do seu município? Verifique com o professor a possibilidade de realizar uma entrevista, por *e-mail* ou pessoalmente, com um representante do órgão público responsável por essa questão. Reúnam-se em grupos e formulem questões para essa entrevista.

UNIDADE 2

O mundo árabe e o islamismo

Você sabia que o islamismo é a segunda maior religião do mundo em número de seguidores?

O islamismo é uma religião monoteísta que surgiu no Oriente Médio no século VII e seus seguidores são chamados de muçulmanos.

Nesta unidade, vamos conhecer um pouco sobre os fundamentos dessa religião, sua história, além de diversos aspectos da cultura islâmica e sua difusão pelo mundo.

Agora vamos estudar...
- a origem do islamismo;
- a expansão do islamismo e o Império Islâmico;
- os cinco pilares da religião islâmica;
- as contribuições da cultura islâmica no Ocidente.

Iniciando rota

1. De que maneira os muçulmanos retratados na imagem estão celebrando o fim do Ramadã?

2. Você sabe onde, geralmente, os muçulmanos se reúnem para realizar as cerimônias religiosas como essa mostrada na imagem?

3. O que o islamismo tem em comum com as outras religiões praticadas no Brasil? E o que tem de diferente? Cite exemplos.

Seguidores do islamismo celebrando o fim do Ramadã em um templo muçulmano localizado na cidade de São Paulo (SP). Foto de 2014.

39

CAPÍTULO 3

Os árabes e a formação do islamismo

Quando falamos sobre os árabes, geralmente nos lembramos de notícias veiculadas com frequência pela mídia, como o terrorismo, as guerras e o sofrimento da população nos conflitos políticos e religiosos no Oriente Médio.

No entanto, ao estudarmos a história dos povos árabes, vamos perceber na atualidade muitos aspectos culturais e diversas contribuições no Ocidente dos conhecimentos desenvolvidos por eles, por exemplo, na Matemática, na Medicina, na Literatura, na culinária e em diversas palavras que usamos na língua portuguesa.

▌ A península Arábica

A península Arábica é banhada pelo mar Vermelho e pelo oceano Índico, no Oriente Médio (observe o mapa abaixo). Em grande parte de seu território predomina um clima quente e árido, com a presença de desertos e estepes, tipo de vegetação rasteira que ocorre geralmente nos arredores do deserto. Entre os séculos VI e VII, essa região era habitada por povos distintos, que compartilhavam um aspecto cultural comum: a língua árabe.

> **Clã:** agrupamento de pessoas de origem comum.
>
> **Caravana:** grupo de viajantes ou de mercadores que cruzavam o deserto, principalmente em camelos.

Entre esses povos estão os beduínos, árabes nômades que se reuniam em clãs e viviam da criação de camelos (animais resistentes que podem ficar vários dias sem beber água e sem comer), carneiros e cabras. Além disso, os beduínos comercializavam produtos com outros povos pelo deserto, por meio de grandes caravanas.

A península Arábica (século VII)

Havia também os povos sedentários, que se estabeleceram em regiões próximas a oásis (locais do deserto que apresentam solo fértil) e subsistiam da agricultura e do comércio. No sul da península, próximos ao litoral, outros grupos árabes se fixaram e formaram cidades por onde passavam comerciantes e viajantes de diferentes partes do mundo.

Fonte: Hermann Kinder, Werner Hilgemann. *The Penguin Atlas of World History*. Londres: Penguin Books, 2003. p. 134.

40

O nascimento do islamismo

Os povos árabes eram politeístas, ou seja, cultuavam diversos deuses. No entanto, por volta de 610, Maomé, um comerciante da cidade de Meca, passou a fazer pregações sobre a existência de um único Deus ("Alá", em árabe).

Segundo narrativas religiosas, Maomé tinha o costume de meditar em um local afastado da cidade e, em uma dessas ocasiões, ele teria recebido a visita do arcanjo Gabriel, o qual lhe fez revelações sobre Alá.

De acordo com essas revelações, caberia a Maomé a tarefa divina de difundir aos seres humanos a mensagem de Alá, fundando uma nova religião, o **islamismo** (também chamado islão ou islã). Por esse motivo, ele é considerado um profeta pelos seguidores dessa religião.

Representação do momento em que o arcanjo Gabriel faz as primeiras revelações a Maomé. Detalhe de iluminura extraída da obra *Jami' al-Tawarikh*, escrita por Rashid-al-Din Hamadani, no século XIV.

O islamismo e o Alcorão

O islamismo é, portanto, uma religião monoteísta, baseada na crença em um Deus único (Alá), onipresente e todo-poderoso. Os seguidores dessa religião são chamados **muçulmanos**, palavra de origem árabe que significa "aquele que se submete a Deus".

O livro sagrado dos muçulmanos é o **Alcorão**, onde estão reunidas todas as revelações de Deus a Maomé.

Ao transmitir os ensinamentos de Deus a seus seguidores, Maomé recitava as palavras assim como as teria recebido de Gabriel. Por esse motivo, os muçulmanos acreditam que o Alcorão reproduz as próprias palavras de Deus.

Até os dias de hoje, a leitura e a recitação do Alcorão são feitas na língua árabe, para manter a integridade e o caráter sagrado das revelações de Deus aos seres humanos.

> **Arcanjo:** um tipo superior de anjo que atua como mensageiro de Deus.
> **Profeta:** aquele que anuncia as vontades e as intenções de Deus.
> **Onipresente:** aquele que está em todos os lugares.
> **Mesquita:** templo muçulmano dedicado ao culto religioso. Em árabe, *masdjid*, que significa "local de adoração".

O Alcorão é composto de 114 suras (capítulos). Cada sura traz orientações e instruções relacionadas à fé, à vida familiar, além de regras éticas e sociais. Nessa foto, vemos muçulmanos estudando o Alcorão, em uma mesquita localizada na cidade do Cairo, no Egito, em 2013.

> **A suna**
>
> A suna (do árabe, "caminho") são as ações, os dizeres, os conselhos, entre outros aspectos importantes da vida de Maomé, registrados nos livros chamados *hadiths*. Os *hadiths* são os livros mais importantes para os muçulmanos depois do Alcorão.

A expansão do islamismo

Na cidade de Meca, Maomé e seus seguidores passaram a sofrer perseguições por parte de pessoas adeptas de religiões politeístas, sobretudo de membros da elite comercial, que lucravam com a peregrinação à região e temiam perder seus privilégios.

Para fugirem dessas perseguições, no ano de 622, Maomé e seus seguidores migraram para Yathrib, cidade que posteriormente passou a se chamar Medina. Essa migração de Meca para Medina, que ficou conhecida como **hégira**, marcou o início da Era Islâmica para os muçulmanos.

Em Medina, Maomé reuniu grande número de seguidores formando um exército e, em 630, organizou seu retorno à Meca, com o intuito de acabar com os conflitos religiosos na região. Maomé dominou a cidade quase sem encontrar resistência, pois o líder de Meca, Abu Sufian, converteu-se ao islamismo.

O local onde eram realizados rituais das antigas religiões politeístas teve seus ídolos destruídos, preservando-se apenas a Pedra Negra, que teria sido enviada pelo arcanjo Gabriel. Essa pedra fica incrustada na **Caaba** ("casa de Deus"), um edifício de mármore, em formato de cubo, que é considerado um local sagrado no islamismo. Até hoje, muitos muçulmanos de todo o mundo viajam à Meca para visitar a Caaba.

Os árabes são muçulmanos?

Desde o início de sua difusão, o islamismo passou a ser seguido por muitas pessoas. Atualmente, grande parte da população árabe é muçulmana.

Existem, porém, muitos árabes que seguem outras religiões. Assim, há tanto árabes muçulmanos quanto árabes não muçulmanos. Também há pessoas de diversas origens, não árabes, como persas e indonésios, entre outros povos muçulmanos.

A jihad

Ao longo dos anos, após as revelações recebidas, Maomé conseguiu difundir a fé islâmica por grande parte da península Arábica. A ideia de difusão do islamismo está ligada ao conceito de *jihad*, palavra árabe que significa "esforço pela glória de Deus". Para os muçulmanos, a *jihad* expressa a ideia geral de "esforço" em conhecer, entender e difundir os princípios do islamismo.

De forma individual, a *jihad* pode ser exemplificada pelo culto a Deus e pelo esforço em agir de acordo com os preceitos e os valores do islamismo. De forma coletiva, ela pode ser expressa pela difusão da fé islâmica pelo mundo e pela assistência material e espiritual às comunidades necessitadas. Além disso, em casos nos quais a comunidade islâmica sofre ameaças ou agressões bélicas, a *jihad* pode se manifestar pela luta armada para a defesa do grupo.

Comércio e expansão do islã

O comércio com outros povos foi um fator importante para a difusão do islamismo em outras partes do mundo após o século VII.

Por meio das rotas comerciais terrestres e marítimas, mercadores muçulmanos trocavam produtos como tecidos, perfumes, porcelanas e diversos alimentos, mas também promoviam um intercâmbio cultural entre povos do Ocidente e do Oriente, divulgando muitos aspectos da cultura e da religião islâmica.

Além disso, ao longo das rotas comerciais, diversas cidades se formaram nos pontos de parada das caravanas de mercadores, como Bagdá, no atual Iraque, e Córdoba, na atual Espanha.

Peregrinos muçulmanos na Grande Mesquita de Meca. A Caaba, localizada no interior da mesquita, é revestida com um tecido negro, e no espaço ao redor dela costumam se concentrar milhares de peregrinos. O ritual de peregrinação envolve vários dias e diversas atividades, como fazer orações e vestir o Ihram, um tipo de túnica branca.

43

A formação do Império Islâmico

Maomé faleceu no ano de 632, sem deixar um sucessor para a liderança da *umma* (do árabe, "comunidade islâmica"). Apesar das tensões na disputa pela sucessão de Maomé, Abu Bakr, amigo do profeta, assumiu a liderança como **califa** (chefe). Ele e seus três sucessores ficaram conhecidos como "bem guiados" e exerceram um importante papel na consolidação do islamismo na península Arábica, favorecendo sua expansão em outras regiões do Oriente Médio e formando o Império Islâmico ainda no século VII.

A dinastia Omíada

Após a morte do último califa "bem guiado", Ali ibn Abi Talib, o califa sunita Mu'awiya assumiu o poder e fundou a dinastia Omíada, no século VII, transferindo a sede do governo de Medina para Damasco, na atual Síria.

Durante a dinastia Omíada, houve a expansão do islamismo e a dominação árabe em regiões da Ásia Central, do norte da África e da península Ibérica, entre outras. Na realização dessas conquistas territoriais, foram estabelecidos acordos de maneira a não se impor a conversão ao islamismo a quem não o desejasse, em conformidade com o Alcorão. Assim, judeus e cristãos, por exemplo, formavam a *dhimma* (comunidade protegida), e por meio do pagamento de uma taxa, a *jizya*, reconheciam a primazia do islamismo e podiam continuar devotando-se livremente à religião deles.

No entanto, ao longo do domínio Omíada, criaram-se algumas contradições entre muçulmanos árabes e muçulmanos não árabes, chamados *mawali* (do árabe, "convertidos"), que formaram grupos marginalizados. Estes últimos pagavam mais impostos e não podiam ocupar determinados cargos no funcionalismo público, nem exercer algumas atividades, como a de comerciante.

A divisão entre sunitas e xiitas

Em 661, com a morte do quarto califa, Ali ibn Abi Talib, genro de Maomé, a comunidade islâmica dividiu-se entre sunitas e xiitas. Os xiitas acreditavam que a liderança deveria ser assumida por um familiar do profeta Maomé, e aceitavam somente o Alcorão como fonte de ensinamento.

Os sunitas, por sua vez, defendiam a escolha do sucessor por meio do voto. Além disso, admitiam o uso das sunas como fonte de orientação para a vida política, social e religiosa.

Durante a dinastia Omíada, os muçulmanos dominaram todo o norte da África, difundindo o islamismo na região. Na foto, a Grande Mesquita de Cairuão, na atual Tunísia, construída no século VII. Foto de 2014.

A dinastia Abássida

Por volta do ano de 740, o descontentamento desses grupos marginalizados levou a uma revolta *mawali*, liderada por Abu al-Abbas, parente distante de Maomé, que derrotou o governante da dinastia Omíada. Abu al-Abbas assumiu então o poder e estabeleceu a dinastia Abássida, em 750.

Na época da dinastia Abássida, cuja sede era em Bagdá, no atual Iraque, o Império Islâmico atingiu um período de grande paz e desenvolvimento cultural e científico. Houve avanços significativos em diversas áreas, como na Medicina, na Matemática e na Astronomia, além de muitas realizações na Literatura e na arquitetura (assuntos que estudaremos no capítulo 4).

Os muçulmanos na Europa

Depois de derrotado, o herdeiro da dinastia Omíada, Abd al-Rahman, dirigiu-se para a região da Andaluzia (em árabe, "Al-Andalus"), na península Ibérica, em 756, onde derrotou o representante abássida que governava a região e fundou o principado de Córdoba.

Em Andaluzia, os muçulmanos viveram um período de grande florescimento cultural e prosperidade econômica, chegando a formar, a partir do século X, um califado independente.

Pátio dos Leões, no palácio de Alhambra, que foi sede do governo islâmico na Andaluzia. Foto de 2015.

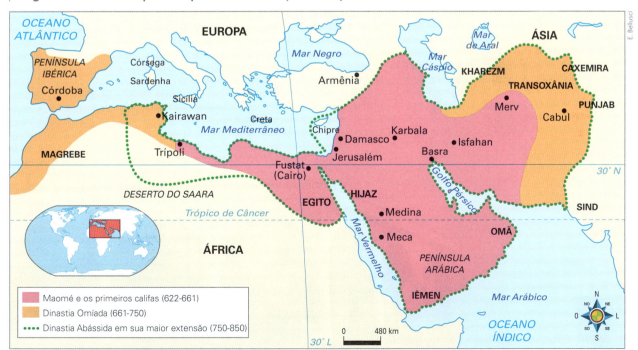

Fonte: Hermann Kinder, Werner Hilgemann. *The Penguin Atlas of World History*. London: Penguin Books, 2003. p. 134; 136.

45

Saiba mais

A população islâmica no mundo

Na atualidade, a religião islâmica possui aproximadamente 1,7 bilhão de adeptos, constituindo a segunda maior religião do mundo em número de seguidores. Veja no mapa abaixo a distribuição da população muçulmana no mundo.

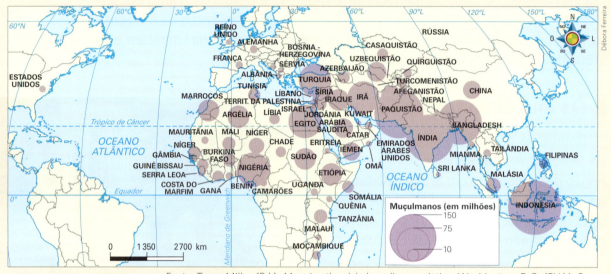

Distribuição da população muçulmana por país e território (2009)

Fonte: Tracy Miller (Ed.). *Mapping the global muslim population*. Washington, D.C. (EUA): Pew Research Center, out. 2009. p. 3. Disponível em: <http://imaratconsultants.com/wp-content/uploads/2012/10/Pew-Muslim-Population.pdf>. Acesso em: 5 jun. 2016.

46

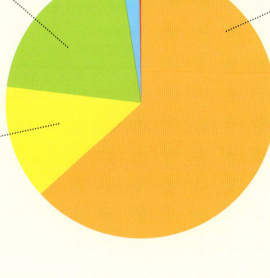

Europa: 38 112 000 – 2,4%
A maioria dos seguidores do islamismo que vive na Europa é imigrante, originária de países como Síria, Turquia e Argélia.

América: 4 596 000 – 0,3%
Nos Estados Unidos, há mais de 2 milhões de seguidores do islamismo, o maior número de muçulmanos da América.

Oriente Médio e norte da África: 315 322 000 – 20,1%
Na Arábia Saudita, localizam-se as cidades de Meca e Medina, que são os principais locais de peregrinação de muçulmanos.

Ásia e Oceania: 972 537 000 – 61,9%
Nessa região, a Indonésia é o país que apresenta o maior número de muçulmanos, com aproximadamente 200 milhões de adeptos.

África Subsaariana: 240 632 000 – 15,3%
A Nigéria é o país com o maior número de muçulmanos da África Subsaariana, com mais de 75 milhões de seguidores.

Fonte: Tracy Miller (Ed.). *Mapping the global muslim population*. Washington, D.C. (EUA): Pew Research Center, out. 2009. p. 6. Disponível em: <http://imaratconsultants.com/wp-content/uploads/2012/10/Pew-Muslim-Population.pdf>. Acesso em: 5 jun. 2016.

Islamismo no Brasil

De acordo com o censo demográfico de 2010, o Brasil possui cerca de 35 mil adeptos do islamismo. Os muçulmanos que vivem em nosso país são, geralmente, imigrantes árabes e seus descendentes, além de não árabes que se converteram à religião islâmica.

A maior concentração da população islâmica no Brasil está atualmente nas regiões Sul e Sudeste, mais especificamente nas cidades de Foz do Iguaçu, no estado do Paraná, e na cidade de São Paulo, no estado de São Paulo.

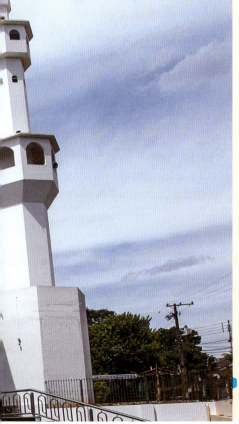

Mesquita Omar Ibn Al-Khatab, inaugurada em 1983, na cidade de Foz do Iguaçu (PR). Foto de 2015.

Atividades

Organizando o conhecimento

1. Quem foi Maomé? Por que ele é considerado um profeta pelos muçulmanos?

2. Copie a tabela a seguir em seu caderno, completando os espaços que faltam.

Conceito	Significado
Hégira	
	Esforço pela glória de Deus, pela defesa e difusão da religião islâmica.
Caaba	
	Livro sagrado dos muçulmanos.

3. Explique a divisão do islamismo, no século VII, entre xiitas e sunitas.

4. Analise novamente as informações das páginas **46** e **47**.

   a) Quais continentes representados no mapa apresentam, juntos, a população com maior porcentagem de muçulmanos?

   b) Podemos afirmar que o islamismo é uma religião que se expandiu mundialmente? Por quê?

Conectando ideias

5. Como vimos na unidade **1**, as Cruzadas foram expedições em que milhares de cristãos se dirigiram ao Oriente Médio e entraram em conflito com os muçulmanos da região. **Leia** e **interprete** o texto e responda às questões.

> A Cidade Santa é tão importante para nós quanto para vós; ela é até mais importante para nós, pois foi em sua direção que nosso profeta [Maomé] realizou sua viagem noturna, e é ali que nossa comunidade irá reunir-se no dia do julgamento final. Está portanto excluída a possibilidade de a abandonarmos. No que diz respeito ao território, ele sempre foi nosso, e vossa ocupação é apenas passageira. [...]
>
> Amin Maalouf. *As Cruzadas vistas pelos árabes*. Trad. Pauline Alphene e Rogério Muoio. São Paulo: Brasiliense, 1988. p. 198.

   a) Qual é a "Cidade Santa" mencionada no texto?

   b) O texto traz um depoimento que defende um ponto de vista dos muçulmanos ou dos cristãos? Como você identificou essa informação?

   c) Quais são os argumentos utilizados pelo autor do texto para defender seu posicionamento?

   d) Segundo o texto, qual acontecimento estaria previsto para ocorrer na Cidade Santa?

6. O islamismo difundiu-se de forma rápida, no norte da África, no Oriente e também em parte da península Ibérica. Em muitos territórios conquistados pelos muçulmanos, os líderes e administradores cunharam moedas características islâmicas. Sobre as conquistas muçulmanas, **leia** o texto a seguir e **analise** a imagem.

> [...] Apenas um século após a morte do profeta Maomé, os muçulmanos tinham fixado a soberania islâmica em grande parte da Espanha [...].
>
> No Oriente, o domínio do islã foi se reafirmando por todas as antigas terras sassânidas, até o rio Indo e a fronteira com a China, no século VIII. Continuou a se irradiar para o Oriente durante o século XIV, quando comerciantes e pregadores itinerantes viajaram para a China, o Sul e o Sudeste da Ásia, criando raízes no território das atuais Indonésia e Malásia. [...] Foi realmente uma expansão fenomenal.
>
> Tamara Sonn. *Uma Breve História do Islã*. Trad. Maria Helena R. Rodrigues de Sousa. Rio de Janeiro: José Olympio, 2011. p. 63-64.

Moeda de ouro representando o califa omíada Abd al-Malik (646-705) segurando a espada do Islã, considerada um símbolo do poder expansionista islâmico. Acervo do Museu Ashmolean, Oxford, Inglaterra. Foto de 2015.

a) De acordo com o texto, qual foi a região da Europa Ocidental conquistada pelos muçulmanos? Por quais regiões o islamismo se expandiu entre os séculos VII e XIV?

b) É possível relacionar o texto citado acima com o mapa da página **46**? **Explique**.

c) Em sua opinião, qual é a importância da adoção de moedas islâmicas nos territórios conquistados? **Estabeleça** uma relação entre o texto, a imagem e a importância do comércio para a expansão islâmica desde o século VII.

> **Sassânida:** referente a um dos impérios persas.
>
> **Itinerante:** viajante, quem transita e se desloca.
>
> **Cameleiro:** aquele que conduz ou cria camelos.

7. O texto a seguir trata de aspectos do cotidiano das caravanas de mercadores que cruzavam o deserto. **Leia-o** e, depois, responda às questões.

> [...] Reunidos em grupo num sentido de proteção e liderados por um guia profissional, os viajantes erguiam-se antes de alvorecer e seguiam sem parar cerca de cinco quilômetros à hora e à razão de 12 horas por dia... [...] A raros intervalos, o cair da noite encontrava o fatigado mercador num caravançará, uma espécie de pátio coberto onde encontrava aposentos para si mesmo e para seus cameleiros e um lugar de repouso para seus animais; em caso contrário, dormia à luz das estrelas. Mas a viagem, quando terminada, geralmente valia tais atribulações e sacrifícios. Os lucros nunca eram inferiores a 50%.
>
> Desmond Stewart. *Antigo Islã*. Trad. Iracema Castello Branco. Rio de Janeiro: José Olympio, 1973. p. 97 (Coleção Biblioteca de História Universal Life).

a) De acordo com o texto, os mercadores percorriam, em média, quantos quilômetros por dia?

b) O que era o caravançará?

c) Qual era a média de lucro dos mercadores para que as viagens pelo deserto pudessem valer a pena?

CAPÍTULO 4

A cultura islâmica

Ao longo de sua formação, a cultura islâmica foi marcada principalmente pelo contato com outros povos e pela grande valorização da ciência e do conhecimento. Neste capítulo, estudaremos a religiosidade, a arquitetura, a literatura, a ciência, entre outros aspectos da cultura dos muçulmanos.

Os pilares do islamismo

Entre os principais fundamentos do islamismo estão os chamados **cinco pilares**. Eles contemplam cinco obrigações ou deveres que todo muçulmano precisa tentar cumprir ao longo de sua vida, constituindo, dessa maneira, a estrutura da vida religiosa de um fiel. Leia a seguir sobre os cinco pilares.

Shahada

A *Shahada* é um testemunho de fé, no qual todo muçulmano deve declarar que "não há outra divindade a não ser Alá, e Maomé é o seu mensageiro". Esta é a frase dita por um novo fiel quando ele se converte ao islamismo. A declaração deve ser repetida em outros momentos da vida do muçulmano, inclusive em seu leito de morte.

Homens recém-convertidos ao islamismo, após a *Shahada*, recebem os cumprimentos de outro muçulmano, em Carachi, Paquistão, em foto de 2010.

Salat

São as cinco orações realizadas diariamente pelos muçulmanos: ao amanhecer, ao meio-dia, à tarde, ao pôr do sol e à noite. A oração pode ser feita em qualquer lugar, mas o fiel deve estar voltado em direção à cidade de Meca.

Muçulmanos em uma das cinco orações do *Salat*, em Jerusalém. Foto de 2011.

Zakat

É a doação de parte dos rendimentos de um muçulmano para pessoas carentes. Esse pilar tem como objetivo estimular a solidariedade entre os fiéis. As pessoas mais pobres estão livres dessa obrigação.

Distribuição de refeições feitas com alimentos comprados com dinheiro doado por muçulmanos, de acordo com o preceito do *Zakat*. Foto tirada em Amã, na Jordânia, em 2011.

Jejuar durante o Ramadã

No nono mês do calendário islâmico (que será abordado mais adiante), é comemorado o Ramadã, que celebra o início da revelação do Alcorão ao profeta Maomé. Durante o mês do Ramadã, desde o nascer do dia até o pôr do sol, os fiéis devem abster-se de comer e beber.

Durante o Ramadã, são realizados vários eventos artísticos para celebrar a revelação do Alcorão. Ao lado, palestinos durante celebração do Ramadã em Jerusalém. Foto de 2015.

Hajj

É a peregrinação à cidade de Meca, na Arábia Saudita. Os muçulmanos saudáveis e que possuem recursos financeiros devem fazer essa peregrinação ao menos uma vez na vida. A cidade recebe milhões de visitantes por ano, principalmente durante o mês Dhull al-Hijjah, o último do calendário islâmico.

Vista de Mena, conhecida como "cidade de tendas", próxima de Meca, onde ficam hospedados muitos peregrinos durante o *Hajj*. Foto de 2012.

> Você consegue identificar semelhanças entre os cinco pilares do islamismo e as atitudes pregadas por outras religiões? Quais? Comente com os colegas.

Arquitetura islâmica

Abóbada: construção arqueada com forma semelhante a um teto curvilíneo.

Minarete: torre alta e fina encontrada nas mesquitas.

A arquitetura islâmica passou por transformações ao longo do tempo, em decorrência da expansão do islamismo por diferentes territórios. Desse modo, em seu desenvolvimento, ela recebeu influências culturais de vários povos, como os romanos, os persas e os bizantinos.

Algumas das principais características da arquitetura islâmica são: a presença de grandes abóbadas, de minaretes e de arcos; e o uso de padrões decorativos com azulejos coloridos, inscrições do Alcorão e desenhos tradicionais. Esse modelo arquitetônico é característico principalmente na construção das mesquitas.

Domo da Rocha

A mesquita Domo da Rocha, construída na cidade de Jerusalém no final do século VII, é um dos mais antigos exemplos da arquitetura islâmica. Sua grande abóbada tornou-se um dos símbolos da cidade.

Turistas e peregrinos observam o Domo da Rocha, em Jerusalém. Foto de 2014.

Mesquita de Córdoba

Construída na cidade de Córdoba, na Espanha, entre os séculos VIII e X, essa mesquita é um exemplo da influência romana na arquitetura islâmica, com a presença de diversas colunas e arcos.

Nessa foto, vemos o interior da mesquita de Córdoba, na Espanha, em 2014.

Mesquita Azul

Construída no início do século XVII em Istambul, na atual Turquia, a mesquita Azul é uma das mais famosas do mundo. Com diversas abóbadas e minaretes, ela é um exemplo da influência da arquitetura bizantina na cultura árabe.

Entrada da mesquita Azul, em Istambul, na Turquia. Foto de 2010.

Assim como diversas outras mesquitas, o interior da mesquita Azul é amplamente decorado com colunas esculpidas e azulejos coloridos. Os azulejos da mesquita são ricos em detalhes. Seguindo a tradição islâmica, eles são adornados com figuras geométricas e com inscrições em árabe. Fotos de 2014.

A literatura islâmica

Com a expansão do Império Islâmico, houve diversas transformações nas sociedades muçulmanas que também influenciaram as manifestações literárias. O contato com outras civilizações, como a grega, a indiana e a persa, fez com que muitas obras dessas civilizações fossem traduzidas para o árabe, o que contribuiu para a preservação e a divulgação da cultura de diferentes povos da Antiguidade.

A importância do Alcorão

A difusão do Alcorão contribuiu para a consolidação do Império Islâmico, sendo responsável por tornar o árabe a língua oficial desse Império.

Além disso, o Alcorão ajudou a desenvolver a prosa dentro da literatura muçulmana. Desse momento em diante, houve maior flexibilidade quanto à métrica, à rima e a elementos estéticos.

A princípio, a maioria das obras em prosa eram traduções da literatura cortesã de origem persa. Porém, após o século IX, a prosa se popularizou na cultura islâmica e se transformou em ferramenta para o debate de diversos temas, como política e crítica social.

A partir do século XI, as obras escritas no idioma árabe passaram a ser registradas também na língua persa. A literatura produzida nessa língua incluía cantigas de amor, poemas épicos e poesias.

O registro literário mais conhecido da cultura islâmica é o livro *As mil e uma noites* (*Alf Layla wa Layla*), de vários autores, o qual reúne contos indianos e persas, lendas e romances árabes e histórias egípcias. Essa obra, além de possuir uma narrativa bastante rica, escrita em linguagem simples, é considerada uma representação da arte e também da vida cotidiana dos muçulmanos daquele período.

Cantiga de amor: composição poética de tradição oral que tem como principal característica a admiração distante do poeta por sua amada.

Épico: referente a heróis ou a atos heroicos.

Prosa: expressão escrita que se assemelha à linguagem falada, sem métrica ou rima.

Literatura cortesã: produção literária que valoriza a cortesia, o amor, e exalta a figura feminina.

Cena de "Ali Babá e os 40 ladrões", uma das histórias mais conhecidas do livro *As mil e uma noites*. Gravura do século XX feita por Edmund Dulac.

Ciências

Como vimos anteriormente, os árabes realizaram muitos estudos relacionados à Astronomia e à Matemática. Com base nos conhecimentos gregos e indianos, eles aperfeiçoaram instrumentos como o astrolábio e a bússola, possibilitando uma observação mais apurada dos fenômenos naturais.

Al-Khwarizmi (c. 780-c. 850), um estudioso árabe, liderou missões de caráter científico à Índia e a Bizâncio e é considerado o inventor da Álgebra, uma área da Matemática que é estudada até os dias de hoje.

Ao lado, astrolábio islâmico do século XV. Acervo do Museu da Ciência, Londres, Inglaterra. Foto de 2015.

Astrolábio: instrumento que indica a localização geográfica por meio da observação do céu e dos astros.
Bússola: instrumento utilizado para auxiliar na localização e na direção a ser seguida por meio da indicação do Norte geográfico.

O calendário

Os muçulmanos seguem um calendário diferente do gregoriano, que é utilizado pela maioria da civilização ocidental e baseia-se no ciclo solar. O calendário muçulmano tem início na data da hégira, que corresponde ao ano 622.

Esse calendário é lunar (baseado nos ciclos da lua) e apresenta 12 meses de 29 ou 30 dias. Dois desses meses são considerados sagrados, o Ramadã e o *Dhull al-Hijjah*. O primeiro corresponde ao período de purificação e jejum, e o segundo é a época de peregrinação a Meca.

Calendário muçulmano. Guache sobre papel extraído da obra *As maravilhas da criação e as curiosidades da existência*, de Zakarya Qazwini, escrita no século XIV.

Valores em ação

O islamismo e a valorização do conhecimento

A cultura islâmica foi marcada ao longo dos séculos pela valorização do conhecimento e das pesquisas em diversas áreas. Como vimos, os contatos com outros povos estimulou o desenvolvimento de muitas inovações no campo das ciências, das artes e da literatura. Os muçulmanos assimilaram técnicas e saberes de outras culturas, aprimorando e difundindo-os nos territórios por eles conquistados.

A Casa da Sabedoria

O período de maior efervescência cultural da história islâmica ficou conhecido como Era de Ouro islâmica, e ocorreu principalmente entre os séculos VIII e XIII. No campo educacional e no campo científico, foram criadas diversas instituições, como a Casa da Sabedoria (ou Casa do Saber), que reuniam estudiosos e aprendizes. Nesses locais, foram desenvolvidas pesquisas em diversas áreas que impulsionaram conhecimentos e inovações nos séculos seguintes.

Muitas descobertas foram feitas, por exemplo, na Astronomia, como a identificação de diversos corpos celestes e o mapeamento dos movimentos dos astros. Também foram realizados estudos no campo da Matemática, da Trigonometria, da Geometria e da Álgebra (termo que deriva do árabe *Al-jabr*), entre outros. Textos antigos, como os do grego Ptolomeu, que se dedicou aos estudos da Matemática, da Astronomia, da Física e da Geografia, foram traduzidos e tiveram vários cálculos corrigidos por cientistas muçulmanos.

Representação de estudiosos muçulmanos realizando cálculos astronômicos. Detalhe de iluminura extraída da obra *Sehinsahname*, de Ala ad-din Mansur-Shirazi, escrita no século XVI.

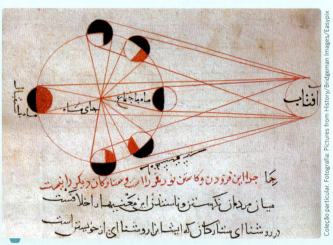

Esquema representando as fases da Lua, feito pelo astrônomo Abu Rayhan Al-Biruni, por volta do ano 1000.

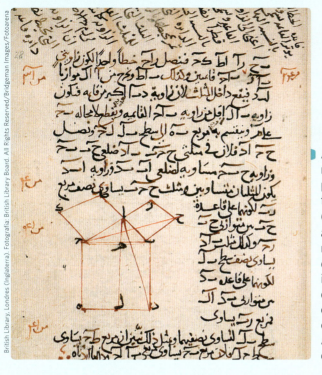

▎A Matemática teve grande destaque na cultura islâmica. Uma das principais contribuições dessa área foram os algarismos arábicos.
Os números de 0 a 9, por exemplo, amplamente conhecidos e utilizados na atualidade, são derivados de conhecimentos dos antigos indianos e foram incorporados e disseminados pelos árabes. Por isso, esses algarismos são conhecidos como indo-arábicos.
Ao lado, manuscrito do século XIII contendo cálculos de Geometria.

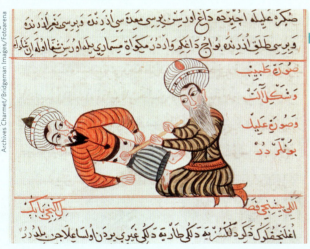

▎Os muçulmanos foram responsáveis por inovações muito importantes para o desenvolvimento das ciências modernas, por exemplo, a descoberta de doenças contagiosas, como o sarampo e a varíola, e o desenvolvimento de técnicas de cirurgia. Além disso, eles descobriram substâncias como o ácido sulfúrico, o salitre, o álcool, entre outras.
Ao lado, página de um estudo feito por volta do ano de 1300 descrevendo a técnica de retirada de líquidos acumulados na cavidade abdominal.

1. Além de traduzir obras de outros povos, os muçulmanos desenvolveram novos conhecimentos e inovaram diversos campos do saber. Cite em quais campos ocorreram inovações e identifique algum deles nas imagens apresentadas.

2. Qual foi o papel de instituições como a Casa da Sabedoria no período conhecido como Era de Ouro islâmica?

3. Você considera importante a valorização do conhecimento? Em seu dia a dia, costuma colocar esse valor em prática? Comente com os colegas.

4. Junte-se a um colega de sala para conversar sobre o tema abordado nesta seção. Depois, procurem citar alguns exemplos de valorização do conhecimento na sociedade brasileira atual.

Atividades

Organizando o conhecimento

1. Você já conhecia algum dos cinco pilares do islamismo? Qual? Escolha o que mais chamou sua atenção e descreva-o.

2. Quais são as principais características da arquitetura islâmica?

3. Cite alguns elementos da cultura islâmica que estão presentes em nossa sociedade. Algum desses elementos faz parte do seu dia a dia? Qual?

Conectando ideias

4. **Leia** a seguir um trecho sobre alguns dos ensinamentos do Alcorão. Depois, responda às perguntas.

Página do Alcorão produzida no século XVII.

A caridade [...] é extremamente importante do ponto de vista alcorânico. "Certamente Deus recompensa o caridoso" nos é dito quando a história de José é narrada (12:38). As pessoas são orientadas a perdoar seus devedores, como ato de caridade (2:280). A caridade é frequentemente descrita como um meio de harmonizar as ofensas. [...] A caridade também é prescrita como um meio de autopurificação (9:103). De todos os muçulmanos requer-se que façam caridade de acordo com a lei islâmica. O termo empregado para esse tipo de caridade (zakah ou zakat), na verdade significa "purificação". A ideia é que a riqueza é uma coisa boa, desde que seja usada para boas causas, como ajudar os necessitados e "aqueles cujos corações devem ser apaziguados", e libertar os escravos e os devedores (9:60).

Tão importantes quanto a caridade na perspectiva alcorânica são a honestidade, a sinceridade e a compaixão [...]. Os fiéis são constantemente lembrados de que a verdade e a sinceridade estão entre as virtudes mais importantes. São elementos essenciais do perfil completo de uma pessoa virtuosa, segundo a descrição do Corão.

Tamara Sonn. *Uma breve história do islã*. Trad. Maria Helena Rubinato Rodrigues de Sousa. Rio de Janeiro: José Olympio, 2011. p. 32-33.

a) Qual foi o principal ensinamento do Alcorão apresentado no trecho acima? **Explique** a importância desse ensinamento para os muçulmanos de acordo com o texto.

b) Qual é a ideia de riqueza segundo o Alcorão?

c) **Escreva** um breve texto explicando o que você compreendeu sobre o pilar do islamismo abordado no texto.

d) Você consegue estabelecer relações entre os ensinamentos apresentados no texto e ensinamentos de outras crenças ou religiões? Quais? Converse com os colegas.

5. Alguns aspectos da cultura árabe exercem grande influência nos países do Ocidente, como na culinária, no idioma e na literatura. **Leia** o texto a seguir sobre o tema e depois realize as atividades.

> [...] Em sua permanência de quase oito séculos na península Ibérica, os árabes contribuíram com centenas de vocábulos para o léxico da língua portuguesa, ainda durante seu período de formação. Segundo Antônio Houaiss (1915-1999), do total de cerca de três mil palavras do português primitivo, no mínimo 800 têm origem árabe. [...]
>
> Paulo Daniel Farah. Da alface ao cafezinho. *Revista de História*. Disponível em: <www.revistadehistoria.com.br/secao/capa/da-alface-ao-cafezinho>. Acesso em: 27 jun. 2016.

a) **Observe** o quadro abaixo, que apresenta algumas palavras da língua portuguesa de origem árabe.

> algodão • sucata • algema • mesquinho

Agora, **copie** a tabela abaixo no caderno, escrevendo na frente de cada palavra de língua árabe (primeira coluna) a sua correspondente na língua portuguesa (segunda coluna). Depois, **explique** como você identificou as palavras correspondentes.

Língua árabe	Língua portuguesa
suqata	
miskin	
al-jama'a	
al-qutun	

b) De acordo com o texto, como a influência árabe foi difundida no desenvolvimento da língua portuguesa?

c) Dividam-se em grupos e **pesquisem** outras palavras da língua portuguesa que sejam de origem árabe.

Quais foram os temas desta unidade que mais chamaram a sua atenção? Escreva um pequeno texto sobre o assunto que você achou mais interessante. Depois, converse a respeito disso com um colega de sala e também ouça o que ele tem a dizer sobre o tema mais significativo para ele.

Para finalizar, procure responder aos seguintes questionamentos.

- Quanto aos temas estudados, você buscou informações extras em outros meios, como livros, revistas, jornais e *sites*? De que maneira essas informações ajudaram ou podem ajudar?
- O estudo desta unidade contribuiu para que você compreendesse melhor a religião islâmica? Justifique.
- Você já havia ouvido falar em *jihad*? Estudar o conceito de *jihad* mudou algo em seu pensamento sobre a religião islâmica? Justifique.

Ampliando fronteiras

A proibição do uso do véu: preconceito religioso?

Atualmente, o véu (em árabe, "*hijab*") usado pelas mulheres islâmicas é um dos símbolos religiosos mais conhecidos dos muçulmanos. De acordo com os seguidores do islamismo, o fato de muitas mulheres usarem o véu deve-se a uma recomendação que pode ser interpretada no texto do Alcorão.

Dessa maneira, o uso do *hijab* estaria ligado primeiramente a uma questão de identidade religiosa e, também, como um recurso para proteger e para preservar o corpo feminino.

Mas o uso do véu é um costume anterior ao surgimento do islamismo. Na Antiguidade, mulheres judias e cristãs já faziam uso de um véu. Entre as muçulmanas, a tradição de usar o *hijab* varia de acordo com o lugar e a época. Além disso, em diversos países de maioria muçulmana, o tipo de véu usado pelas mulheres também pode variar. Em algumas regiões, o uso do véu é obrigatório, como no Irã e no Afeganistão, e em outras, como no Líbano, é opcional. Conheça a seguir alguns tipos de véu e os lugares onde são usados com mais frequência.

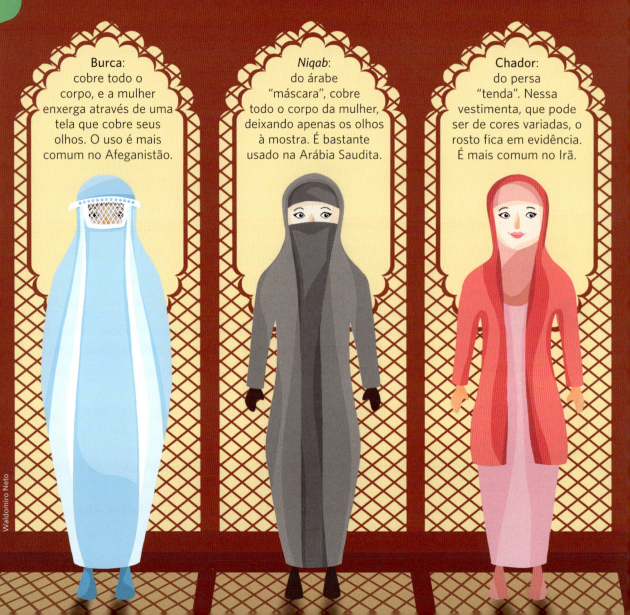

Burca: cobre todo o corpo, e a mulher enxerga através de uma tela que cobre seus olhos. O uso é mais comum no Afeganistão.

***Niqab*:** do árabe "máscara", cobre todo o corpo da mulher, deixando apenas os olhos à mostra. É bastante usado na Arábia Saudita.

Chador: do persa "tenda". Nessa vestimenta, que pode ser de cores variadas, o rosto fica em evidência. É mais comum no Irã.

Waldomiro Neto

60

Polêmica da proibição do *hijab* na Europa

Uma das polêmicas mais recentes envolvendo o uso do *hijab* ocorreu na França em 2011, quando o uso dos chamados véus integrais (que cobrem o corpo todo, como a burca e o *niqab*) foram proibidos em locais públicos.

Esse episódio polêmico gerou uma série de discussões, dividindo opiniões. Para o governo francês, em um Estado laico, como é o caso da França, o uso do *hijab* em espaços públicos representa uma barreira que dificulta a convivência e a integração social entre os indivíduos. Outros países que apoiam essa decisão, como a Inglaterra e Portugal, alegam ainda que o véu simboliza uma forma de opressão às mulheres muçulmanas.

Muitas mulheres muçulmanas, no entanto, defendem o uso de véu. Veja a seguir a opinião de Magda Aref Abdul Latif, uma muçulmana brasileira que estuda o islamismo.

> **Estado laico:** país em que a religião não tem influência sobre as leis e as políticas do Estado.

> [...] Para o Ocidente o fato de a mulher usar o véu é sempre associado à submissão e ignorância. Já para a mulher muçulmana o véu é entendido como algo que a dignifica, dá valor, que impõe respeito. É uma ideia diametralmente oposta à que o Ocidente faz do véu e da própria mulher. [...]
>
> O véu dignifica a mulher. Disponível em: <www.islamemlinha.com/index.php/artigos/a-familia-muculmana/item/o-veu-dignifica-a-mulher>. Acesso em: 28 jun. 2016.

Al-amira: seu uso tornou-se mais frequente a partir da década de 1970, após protestos pelos direitos das mulheres em diversos países árabes. É comum nos Emirados Árabes.

Shayla: é um equivalente da *al-amira*, mas sem a touca. É muito utilizado nos Emirados Árabes.

1. Qual a sua opinião sobre a polêmica da proibição do véu? Você é a favor ou contra? Explique.

2. O Brasil também é um país laico. A nossa Constituição garante a liberdade religiosa, no artigo 5º, inciso VI: "é inviolável a liberdade de consciência e de crença, sendo assegurado o livre exercício dos cultos religiosos [...]". (Disponível em: <http://www.senado.gov.br/atividade/const/con1988/CON1988_05.10.1988/art_5_.asp>. Acesso em: 28 jun. 2016.).

    a) Sabendo disso, você acha que a liberdade de crença é de fato garantida no Brasil? Explique.

    b) Faça uma pesquisa para descobrir como vive a comunidade islâmica no Brasil atual. Quais são os principais problemas enfrentados por ela?

    c) Depois de analisar os resultados, reavalie a resposta da questão 1. Sua opinião mudou ou permaneceu a mesma? Converse com os colegas.

UNIDADE

3
Os povos da África

Entre os séculos V e XV, existiram no continente africano reinos e impérios com diferentes formas de organização política, social e econômica.

Estudar a grande diversidade de povos e culturas que formavam esses reinos e impérios pode contribuir para entendermos também alguns aspectos da nossa história e de nossa cultura.

Agora vamos estudar...
- aspectos da diversidade cultural, religiosa, política e econômica na África;
- os principais reinos e impérios africanos;
- aspectos da música tuaregue;
- a importância dos griôs e da tradição oral.

Foto de músicos tuaregues, grupo nômade do norte da África, celebrando a partida de uma caravana, na República do Mali, em 2005.

Iniciando rota

1. Que elementos apresentados na foto se referem à cultura tradicional africana?

2. O que você sabe sobre a importância da música na cultura africana? Cite exemplos.

3. Assim como os músicos da foto, você e seus familiares costumam celebrar ocasiões ou eventos cotidianos com música? Quais? Explique.

CAPÍTULO

5

Conhecer a história da África

Você sabe quanto a herança étnica e cultural africana é importante para nós? Diversas características físicas de muitos brasileiros e vários costumes que fazem parte do nosso dia a dia foram herdados dos africanos. Entre o século XVI e o século XIX, os portugueses trouxeram para o Brasil milhões de africanos escravizados. Por isso, é grande a influência dos povos africanos na formação do povo brasileiro.

Muitos alimentos de nossa culinária, alguns ritmos musicais, inúmeras palavras de nosso vocabulário, além de outras manifestações culturais e religiosas são de origem africana. Portanto, estudar a história desses povos é também conhecer mais a história do Brasil.

Além disso, ao saber mais sobre algumas sociedades africanas do passado e a permanência de muitos de seus costumes no presente, é possível compreender melhor a riqueza étnica e cultural do continente africano.

Observe a foto abaixo.

> Você já presenciou ou participou de alguma manifestação cultural de origem africana? Conte para os colegas.

Sociedades e culturas da África

Quando se fala da África, muitas vezes ressaltam-se os aspectos relacionados à fome, às doenças e às guerras civis existentes em várias regiões do continente. Mas é importante que também se destaque a grande diversidade de culturas e de conhecimentos desenvolvidos pelos povos africanos ao longo do tempo, como a metalurgia, a arquitetura, o artesanato, a música, entre outros.

Muitos desses conhecimentos foram trazidos para o Brasil pelos africanos, que os transmitiram de geração para geração. Esses conhecimentos se transformaram com o passar do tempo, muitas vezes ganhando novos significados de acordo com o contexto histórico vivido.

Sobre esse assunto, leia, a seguir, o texto da historiadora brasileira Marina de Mello e Souza.

Luanda, capital de Angola, em foto de 2012.

[...] Perceber a variedade das sociedades africanas pode nos ensinar a conviver com a pluralidade que nos compõe, sem atribuir hierarquias aos diferentes grupos culturais. Pode nos ajudar a vencer preconceitos herdados de tempos passados e construir um futuro no qual existam condições de vida mais igualitárias.

Marina de Mello e Souza. *África e Brasil Africano*. São Paulo: Ática, 2007. p. 169.

Assim, por meio do estudo da história da África, podemos aprender a valorizar a diversidade e a riqueza da cultura africana, além de promover valores como o respeito, a tolerância e a solidariedade.

Muitas manifestações culturais de nosso país são de origem africana. Na foto ao lado, vemos uma apresentação do grupo Maracatu Palmeira Imperial, na cidade de Paraty (RJ). Foto de 2012.

A diversidade do continente africano

A África é o terceiro maior continente do planeta em extensão territorial, com aproximadamente 30 milhões de quilômetros quadrados, o que equivale a cerca de quatro vezes o tamanho do Brasil. Tem uma grande diversidade de povos, de diferentes etnias, culturas, línguas e religiosidades por todo o seu território.

O continente africano é banhado pelo oceano Índico e pelo oceano Atlântico e possui também enorme diversidade natural.

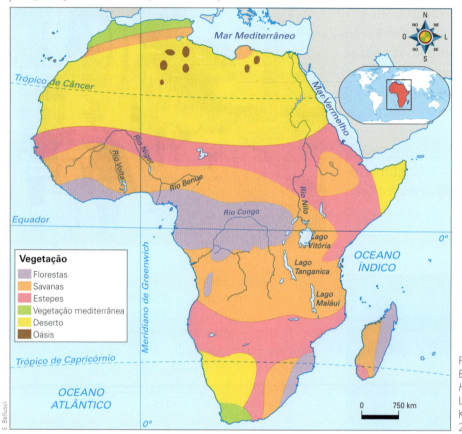

Fonte: Jeremy Black. *World History Atlas*. Londres: Dorling Kindersley, 2005. p. 155.

Nesse continente, desde a Antiguidade, rios como o Nilo, o Congo e o Níger foram importantes para o desenvolvimento da agricultura, para a formação de cidades e reinos e também para a circulação de pessoas e de mercadorias.

O deserto do Saara, ao norte do continente, era habitado por diversas sociedades nômades, seminômades e sedentárias, que se dedicavam a atividades agrícolas, pastoris e de comércio. Pelo Saara passavam diversas caravanas levando viajantes de diferentes povos do continente que realizavam trocas comerciais e culturais entre as regiões ao norte e ao sul do deserto.

Há mais de 2500 anos, nas regiões de savanas e florestas, ao sul do Saara, na chamada África Subsaariana, desenvolveram-se sociedades formadas por caçadores, coletores e sedentários que criaram técnicas agrícolas e metalúrgicas. Os conhecimentos de metalurgia possibilitaram a confecção de diferentes tipos de instrumentos, como armas e objetos de ferro, de cobre e de ouro.

> **Savana:** tipo de vegetação predominante em algumas regiões da África e da América do Sul, composta basicamente de plantas rasteiras, árvores de portes variados e pequenos arbustos.

Formas de organização social e política

As sociedades africanas adotaram, ao longo de sua história, diversas formas de organização social e política, com a existência desde pequenas comunidades reunidas em aldeias até grandes impérios formados por vários reinos.

Em diversas sociedades africanas, o membro mais experiente da aldeia era considerado o chefe, pois possuía conhecimentos e condições de manter a justiça e o bem-estar da comunidade. Cabia ao chefe responsabilidades como julgar crimes e atribuir castigos em decorrência deles, distribuir terras às famílias e liderar os guerreiros em épocas de guerra, como as de expansão. A maioria das sociedades africanas baseava-se na fidelidade a esse chefe e nas relações de parentesco. Por meio dos casamentos, por exemplo, determinada aldeia poderia aliar-se a outra.

Chefe Zulu. Óleo sobre tela de Carl Rudolph Sohn, de 1882. Acervo da Coleção Real, Londres, Inglaterra. Foto de 2015.

Quando ocorriam guerras, era comum que as aldeias se aliassem, formando confederações. Nessa forma de organização, as decisões eram tomadas por um grupo de representantes das aldeias que se reuniam em um conselho.

Algumas sociedades constituíam reinos, sob a responsabilidade de um chefe com mais poder (o rei) e com autoridade sobre os demais chefes. Nos reinos, havia uma capital onde se concentravam a administração e o centro comercial, com grande circulação de pessoas e de mercadorias.

Confederação: associação ou união de pessoas ou grupos em defesa de interesses comuns.

Representação de caravana de comerciantes chegando à cidade de Tombuctu, então capital do Império Mali. Gravura extraída do jornal *Le Tour du Monde*, de 1860.

O comércio e a relação entre os povos

Tubérculo: neste sentido, tipo de caule arredondado ou alongado, que se desenvolve abaixo da superfície do solo, como a batata e a cenoura.

Planalto: forma de relevo que apresenta superfícies elevadas e planas, com poucas ondulações

Noz-de-cola: fruto de uma planta nativa da África, com gosto amargo, mas que provoca sensação de bem-estar por causa de sua ação estimulante. No Brasil, é conhecida como obi ou orobó.

As trocas comerciais sempre foram muito importantes no cotidiano dos povos africanos, pois elas possibilitavam acesso a diversos tipos de mercadorias, mesmo as que só eram produzidas em regiões mais distantes. As comunidades ribeirinhas podiam trocar peixes por grãos produzidos nas savanas; os habitantes das florestas, por sua vez, podiam oferecer tubérculos e receber animais criados nos planaltos. Produtos como ouro, noz-de-cola e marfim podiam ser trocados por sal, tecidos, **escravos**, entre outras mercadorias.

O comércio era feito tanto a curta como a longa distância. No comércio a curta distância, geralmente eram realizadas trocas nas regiões vizinhas entre aldeias e cidades próximas. O transporte das mercadorias era feito a pé ou no lombo de burros e camelos.

O comércio a longa distância era realizado por meio das rotas fluviais, ou seja, por rios, ou pelo deserto, em caravanas de camelos nas rotas comerciais que atravessavam o Saara, as chamadas rotas transaarianas. Nesse tipo de comércio, que chegava a ser realizado até mesmo com regiões da Europa e da Ásia, circulavam mercadorias mais sofisticadas e caras, como joias, seda, perfumes, artefatos de porcelana e outros.

Caravana de tuaregues cruzando o deserto do Saara. Gravura feita pelo artista Jules Girardet, no século XIX.

A escravidão na África

A escravidão é uma prática muito antiga na história da humanidade e esteve presente em muitos lugares. Porém, houve variações nessa prática nos diversos períodos históricos e de acordo com as sociedades que a realizavam. Em diversas sociedades africanas, por exemplo, as pessoas eram escravizadas nas seguintes situações: como prisioneiras de guerra, quando cumpriam penalidades em caso de algum crime cometido ou por não pagar suas dívidas.

De forma geral, nas sociedades africanas, os escravizados aumentavam o número de súditos de um reino, a quantidade de mão de obra, além de fortalecer os exércitos.

Ao ser escravizada, a pessoa perdia sua liberdade e seus direitos. Tratado como mercadoria, muitas vezes, o escravizado era vendido ou trocado pelo seu dono, além de ser submetido a diversos tipos de castigos físicos.

As pessoas escravizadas costumavam trabalhar na agricultura, na mineração ou prestar serviços domésticos. Alguns chegavam a se tornar militares, funcionários públicos ou comerciantes, conseguindo, em certos casos, acumular riquezas.

Representação de escravos carregando membros da elite do Congo. Gravura de Antonio Sasso extraída da obra *Costumes antigos e modernos de todos os povos do mundo*, publicada no século XIX.

A religiosidade africana

Assim como as línguas e as etnias, a religiosidade do continente africano é bastante diversa. Em algumas regiões, o islamismo é predominante e, em outras, o cristianismo. Mas há várias outras crenças e religiões antigas que são chamadas de "tradicionais".

Essa variedade de crenças demonstra a importância da religião, da divindade e do sagrado no modo de vida das sociedades africanas. Uma característica que aproxima as chamadas religiões tradicionais é a relação que diferentes grupos africanos estabelecem entre o mundo natural (concreto, no qual vivemos) e o sobrenatural (das divindades, do sagrado).

O mundo sobrenatural era habitado pelos espíritos dos antepassados e por uma grande diversidade de deuses. Esses seres sobrenaturais controlavam as forças da natureza e outros aspectos que interferiam no mundo dos seres humanos.

Assim, do ponto de vista religioso, diversos acontecimentos do cotidiano, como doenças, colheitas ruins e desastres naturais, eram considerados consequência de algum desequilíbrio causado por ações humanas inadequadas, como desrespeitar as leis divinas e não realizar oferendas aos deuses.

Para retomar o equilíbrio, a atuação do sacerdote era muito importante. Era ele o responsável pela mediação entre o mundo dos seres humanos e o mundo das divindades, pois conseguia se comunicar com o sobrenatural por meio de rituais específicos.

As máscaras eram, e ainda são, parte importante da religiosidade africana. Nos rituais, elas são utilizadas para estabelecer uma ligação entre os seres humanos e o mundo das divindades e dos ancestrais. Acima, máscara produzida em Camarões, no início do século XX. Acervo do Museu Metropolitano de Arte, Nova York, Estados Unidos. Foto de 2015.

A influência islâmica na África

O islamismo foi introduzido na África pelos árabes, com a expansão islâmica no norte do continente no século VII. A partir de então, essa religião se difundiu e influenciou diversos povos, principalmente por causa das trocas de mercadorias, que promoveram um intenso intercâmbio cultural entre as sociedades africanas.

Assim, muitos reinos e impérios africanos passaram a seguir o islamismo. Impérios como o do Mali (que será estudado mais adiante) formaram grandes centros de difusão muçulmana, com mesquitas, bibliotecas e universidades.

Sociedades nômades do deserto, como a dos tuaregues, também foram islamizadas. Eles desempenharam papel significativo no comércio da região e foram um dos principais difusores do islamismo na região do Sahel. Com o tempo, a cultura islâmica das sociedades africanas foi transformando-se e adquirindo suas próprias características.

Escola islâmica em Bamako, Mali. Foto de 2015.

Etnia: grupo social que se diferencia dos outros por suas características culturais, como costumes, crenças e língua.

Sahel: região situada ao sul do deserto do Saara que tem vegetação conhecida como estepe ou de transição, por estar entre as regiões áridas do deserto e a região tropical, com terras mais férteis, ao sul.

69

+ Saiba mais

A música tuaregue

Entre os tuaregues, a música está bastante presente no cotidiano e em diversas comemorações, como festas de aniversário, casamentos e celebrações religiosas. A música tuaregue tradicional é, em grande parte, apenas vocal, cantada na língua tamaxeque e passada de geração para geração. No entanto, também há músicas executadas por meio de instrumentos típicos da cultura tuaregue, sendo os principais o *anzad*, o *tende* e o *téhardent*.

> **Tamaxeque:** língua falada pelos tuaregues
> **Cabaça:** fruto que, pela presença de uma casca firme e resistente, é utilizado para produzir diversos utensílios.

Anzad

Instrumento formado por uma única corda presa a uma caixa de ressonância, geralmente feita com uma cabaça e com madeira. A maneira de tocar *anzad* é semelhante à de um violino, utilizando um arco de madeira com fios de crina de cavalo presos nas extremidades. O instrumento é tradicionalmente tocado apenas por mulheres.

Mulher toca *anzad* enquanto outras acompanham cantando e batendo palmas, em Menaka, no Mali. Foto de 2010.

Tende

Espécie de tambor tocado para acompanhar outros instrumentos. Em algumas celebrações e cerimônias, mulheres e homens dançam ao som do *tende* e acompanham seu ritmo batendo palmas e cantando.

Mulheres tuaregues tocam um *tende* e cantam. Cidade de Gadamés, na Líbia. Foto de 2012.

70

> **Téhardent**

O *téhardent* é um instrumento de três cordas semelhante a um violão. Não é utilizado em cerimônias religiosas, mas sim para tocar canções populares, cantadas por mulheres ou homens como forma de entretenimento.

• Qual dos três instrumentos musicais tuaregues mais chamou sua atenção? Por quê?

Na foto, músico tuaregue toca um *téhardent* em Túnis, na Tunísia, em 2008.

Música tuaregue e política

A partir do final da década de 1970, surgiram grupos musicais tuaregues que passaram a utilizar a música para reivindicar melhores condições de vida para seu povo. Um dos mais famosos desses grupos é o Tinariwen (traduzido do tamaxeque, "desertos").

O grupo está em atividade até hoje e, por meio de suas composições, reivindica maior autonomia e liberdade para os tuaregues, por causa das perseguições e da repressão ainda sofridas na África.

Um dos diferenciais do Tinariwen é a utilização de instrumentos tradicionais da cultura tuaregue misturados a instrumentos modernos, como a guitarra e o contrabaixo elétricos. O grupo mescla ainda diversos gêneros musicais, como o *blues* e o *jazz* à música tradicional tuaregue.

Apresentação do Tinariwen em festival realizado na Califórnia, Estados Unidos. Foto de 2014.

71

Atividades

Organizando o conhecimento

1. Leia novamente as páginas **64** e **65** e produza um texto explicando a importância do estudo da história da África.

2. Descreva alguns aspectos geográficos do continente africano.

3. Quais foram os tipos de organização das sociedades africanas desenvolvidas há 2 500 anos?

4. Explique quais eram as condições em que uma pessoa poderia ser escravizada nas sociedades africanas.

5. Quais são as reivindicações presentes na música composta por alguns grupos tuaregues a partir do final da década de 1970?

Conectando ideias

6. O culto aos ancestrais é um dos elementos principais da religiosidade africana. Muitos contos e diversas narrativas orais abordam esses aspectos. **Leia** e **interprete** o trecho de um conto da região de Gana que narra a história da princesa Nyame e a relação de seu povo com o mundo sobrenatural. Depois, realize as atividades a seguir.

[...]

Nyame era uma princesa do reino [...] de Gana. Seu povo acredita que os mortos habitam um mundo que é a imagem espelhada do mundo dos vivos. Por isso, os antepassados não estão exatamente mortos, mas, sim, invisíveis. O país ao lado de lá é igual ao do lado de cá. A diferença é que em um deles não se consegue acender a fogueira.

Sentada à margem do rio Níger, a jovem pensava em invocar a poderosa avó, a rainha-mãe, que se tornara invisível. Ela, certamente, apareceria em seu sonho, "território" onde vivos e ancestrais podem se encontrar e falar.

Heloisa Pires Lima. *O espelho dourado*. São Paulo: Peirópolis, 2003. p. 9 (Coleção O Pescador de Histórias).

Tecido com estampa tradicional da região de Gana.

a) De que maneira a avó de Nyame atenderia ao seu chamado?
b) Em que sentido a palavra "território" foi utilizada no conto?
c) Qual é a crença do povo de Nyame em relação aos mortos?

7. Analise a imagem e, com base nas informações do capítulo, responda às questões.

Óleo sobre tela do artista francês Jean-Joseph Bellel, produzido em 1859. Acervo do Museu Fabre, Montpellier, França. Foto de 2015.

a) Você consegue identificar essa paisagem? **Comente** sobre ela.
b) Qual era a importância do comércio realizado nas rotas transaarianas?
c) Qual religião teve sua difusão diretamente influenciada pelo comércio estabelecido na região representada na imagem acima? **Explique**.

8. Uma das riquezas naturais do continente africano é sua biodiversidade. Muitos animais são característicos das regiões de savana e de floresta, como os elefantes. Na atualidade, a caça desses animais para a obtenção do marfim tem sido uma das grandes ameaças a essa diversidade. O marfim, retirado das presas dos elefantes, é um produto bastante valorizado em regiões da Ásia e dos Estados Unidos, e é utilizado para a produção de mercadorias como joias, estatuetas e peças de artesanato. **Leia** o trecho de uma reportagem que aborda esse tema e, depois, responda às questões.

> **Biodiversidade:** conjunto de espécies de seres vivos existentes em determinada região.

Comércio de marfim provocará extinção de elefantes na África

> Jane Goodall, uma das maiores conservacionistas do mundo, fez um apelo apaixonado por uma proibição mundial à venda de marfim para evitar a extinção do elefante africano. [...] "Uma tragédia maciça está se desenrolando em algumas partes da África. Isto é desesperadamente sério, sem precedentes", disse Goodall. "Acreditamos que a Tanzânia perdeu a metade de seus elefantes nos últimos três anos [...]".
>
> The Observer. Comércio de marfim provocará extinção de elefantes na África. *Carta Capital*, São Paulo, Confiança, 6 jul. 2015. Disponível em: <www.cartacapital.com.br/sustentabilidade/comercio-de-marfim-provocara-extincao-de-elefantes-na-africa>. Acesso em: 3 jun. 2016.

a) De acordo com o texto, qual foi o apelo feito pela conservacionista Jane Goodall?
b) Qual é o impacto do comércio de marfim ao continente africano?
c) Você concorda com o apelo de Jane Goodall? Por quê?

CAPÍTULO 6

Reinos e impérios da África

Como vimos no capítulo anterior, as sociedades africanas organizaram-se de diversas maneiras. Houve sociedades que formavam aldeias, e outras, mais complexas, que constituíram poderosos reinos e impérios. Neste capítulo, vamos conhecer um pouco mais sobre alguns desses reinos e impérios africanos que se destacaram entre os séculos V e XV.

As sociedades do Sahel

O Reino de Gana e o Império do Mali desenvolveram-se na região do Sahel, a qual se localiza entre o deserto do Saara e a África Subsaariana.

Nessas sociedades, houve intenso comércio transaariano, que foi fundamental para a formação e para o desenvolvimento de importantes cidades, como Tombuctu, Jené e Gaô. Além do aspecto comercial, rios como o Senegal e o Níger foram determinantes para o desenvolvimento da agricultura local, pois as cheias propiciavam fertilidade para o solo. Veja no mapa a seguir as principais rotas transaarianas.

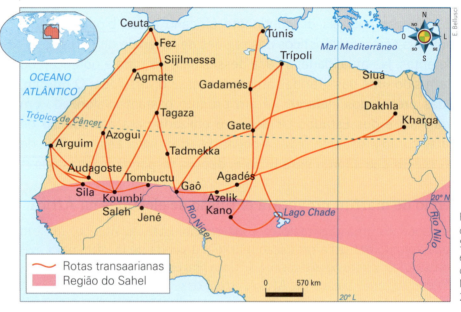

Fonte: Alberto da Costa e Silva. *A enxada e a lança*. Rio de Janeiro: Nova Fronteira, 2006. p. 269.

Sociedades sudanesas

Os povos que viviam na região do Sahel foram genericamente chamados sudaneses, pois o território era conhecido como Sudan, que na língua árabe significa "negro", e Bilad al-Sudan, que significa "terra dos negros". Gana, Mali e Songai também são considerados reinos do Sudão.

Muitos especialistas usam o termo "antigo Sudão", mas é importante destacarmos que essa região não corresponde à área dos atuais países Sudão e Sudão do Sul.

Gana

Um dos reinos do Sahel foi Gana, localizado ao sul do deserto do Saara. Formado pela junção de várias comunidades da etnia soninquê, o Reino de Gana consolidou-se a partir do século V e atingiu o apogeu a partir do século VIII, quando dominou os povos vizinhos e expandiu seu território.

O Reino de Gana era reconhecido na região por causa do controle exercido sobre os povos dominados. Grande parte da riqueza do império vinha da cobrança de tributos desses povos.

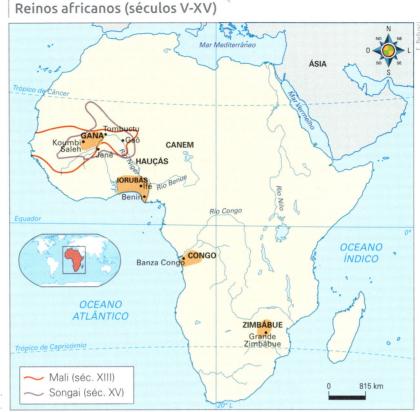

Fonte: Jeremy Black. *World History Atlas*. Londres: Dorling Kindersley, 2005. p. 62.

Além disso, de acordo com alguns relatos de cronistas e de viajantes da época, esse reino também era chamado "terra do ouro" por causa da grande quantidade desse metal extraída das minas da região.

O comércio de ouro e de outras mercadorias proporcionou grandes riquezas ao Reino de Gana. Leia o texto a seguir, que aborda os aspectos econômicos de Gana.

> A base econômica do poder [de Gana] era a tributação imposta a povos vencidos ou que reconheciam sua hegemonia, e a tributação imposta aos produtos que circulavam nos domínios sob sua influência. Além das atividades de subsistência associadas à agricultura, pesca e pecuária, um contínuo fluxo comercial articulava os negociantes saarianos e subsaarianos.
>
> Do Norte provinham o cobre, os búzios (muito apreciados e que recebiam o nome de cauris), tecidos de algodão e de seda, figos e o sal das minas de Tagaza e de Bilma. Eram trocados por marfim, escravos e ouro.
>
> José Rivair Macedo. *História da África*. São Paulo: Contexto, 2013. p. 54.

Por volta do século XI, o Reino de Gana passou a sofrer invasões dos almorávidas, um povo islamizado do norte da África. A capital de Gana, Kumbi-Saleh, foi dominada por eles, e aos poucos o reino foi-se fragmentando, perdendo a posição de destaque que detinha na região. A partir de então, a sociedade do Mali começou a se fortalecer e a dominar as rotas de comércio, de maneira que em pouco tempo sua influência se estendeu por grande território.

Mali

O Império do Mali foi formado no século XIII, com a incorporação de grande parte do Reino de Gana pelo líder **mandinga** Sundiata. Outras regiões próximas também passaram a fazer parte desse império, que se constituiu em uma faixa territorial entre o oceano Atlântico e o rio Níger (logo abaixo do Saara).

> **Os mandingas**
>
> O Império do Mali era formado por grande diversidade de povos, sendo os mandingas (falantes do mandê) o principal deles.

As principais cidades do Império do Mali — como Tombuctu, Jené e Gaô — situavam-se em regiões estratégicas, por onde passavam as caravanas comerciais. Esse fator também fez com que a maioria das regiões que integravam o império se convertesse ao islamismo.

A agricultura de cereais e o comércio de ouro, de sal e de noz-de-cola eram as principais atividades desenvolvidas no Mali. Já a organização política tinha como base a divisão em províncias, administradas pelos *farin* (chefes locais).

O líder supremo do Mali era chamado *mansa*, e era ele quem chefiava as operações econômicas (como a cobrança de impostos e as trocas comerciais), os rituais religiosos e as campanhas militares. O principal desses líderes foi o *mansa* Musa I, que governou durante o auge do império, no período de 1307 até cerca de 1332. Ele foi responsável por uma grande expedição a Meca, a cidade sagrada do islamismo, no ano de 1324.

De acordo com relatos da época, nessa expedição, o *mansa* Musa teria viajado sob a proteção de inúmeros seguidores que vestiam roupas ornamentadas com ouro. Ao longo dessa expedição, o ouro também foi transportado como mercadoria, em lombos de camelos.

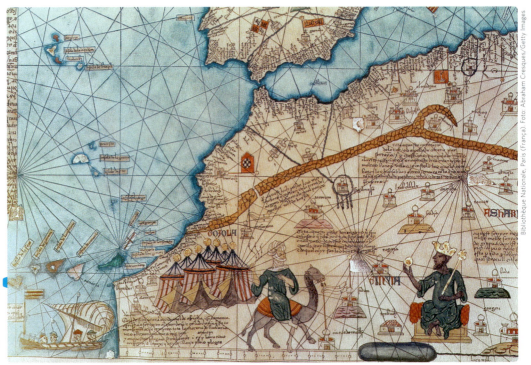

Representação do *mansa* Musa I (no canto direito da imagem). Detalhe do *Atlas Catalão*, de 1375.

A cultura do Mali

Desde sua fundação, o Império do Mali já estava integrado às tradições islâmicas, por isso, foram construídas diversas mesquitas na região, como a da foto ao lado.

Muitas mesquitas estavam associadas às instituições de ensino, bastante valorizadas naquela época. Locais como a mesquita de Sankore, em Tombuctu, era ponto de encontro de intelectuais de diversas regiões árabes, que se reuniam para compartilhar conhecimentos.

O ensino era acessível apenas às camadas mais ricas da população e dividido em dois níveis: o elementar, em que se aprendiam a leitura e a recitação do Alcorão; e o superior, em que se aprendiam ciências como Matemática, Astronomia, Lógica, além de aspectos da cultura islâmica.

Assim como outros povos africanos, os mandingas tinham uma tradição marcada pelas narrativas orais. Dessa forma, no território Mali, algumas pessoas tinham a função de narrar histórias por meio de poesias e com acompanhamentos musicais. Eram os chamados **griôs**.

Os griôs existem até hoje e são bastante respeitados, pois têm a importante função de preservar e de difundir conhecimentos sobre o passado às novas gerações.

Dominação Songai

Ao longo do século XV, conflitos locais e problemas de sucessão enfraqueceram o Império do Mali e permitiram que o povo songai estabelecesse domínio na região do rio Níger (veja o mapa da página **75**).

No Império Songai existiam aldeias agrícolas compostas por cerca de duzentas pessoas, que entregavam mercadorias anualmente como forma de tributo ao governo. Mas, com a expansão das atividades comerciais, alguns núcleos urbanos se desenvolveram cada vez mais na região. Tombuctu, por exemplo, teria alcançado cerca de 80 mil habitantes no século XVI.

Mesquita de Sankore, na cidade de Tombuctu, Mali, em foto de 2005.

Mulher griô com a *kora*, instrumento de cordas tradicional, no Mali, em foto de 2008. Embora a maioria sejam homens, atualmente muitas mulheres também atuam como griôs, narrando histórias e difundindo a cultura e os conhecimentos de seus antepassados.

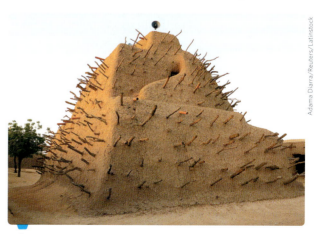

Os songais eram governados sob um regime monárquico e centralizado. Na foto, de 2012, tumba do ásquia (líder songai) Muhamed, que governou entre 1493 e 1528.

Os reinos iorubás

Há milhares de anos, os povos da etnia iorubá ocuparam a região onde hoje ficam países como Nigéria, Togo e Benin. A partir do século VI, diversas cidades desenvolveram-se na região, constituindo os principais reinos iorubás, como Benin e Oyo.

A cidade de Ifé era uma das mais importantes e representava o centro espiritual e religioso dos iorubás. Em Ifé vivia o *oni*, rei supremo e chefe de todos os líderes locais, os *obás*.

Os iorubás, além de realizar atividades comerciais, também desenvolveram uma tradição artesanal de manipulação do ferro e de produção de inúmeras esculturas e relevos com metais.

A religiosidade deles atribuía grande importância aos relatos orais, e, de acordo com essa tradição, o deus supremo (Olodumaré ou Olorum) teria criado os orixás, responsáveis pelo surgimento do mundo e dos seres humanos.

De acordo com essa crença, cada orixá apresenta uma personalidade própria, que influencia e identifica também o perfil de seus seguidores. Além disso, cada orixá pode representar uma força ou um elemento da natureza, como a água, o fogo, os ventos e os relâmpagos.

Escultura em cobre representando um *oni*, feita no século XII. Acervo do Museu Nacional, Lagos, Nigéria. Foto de 2015.

Iorubás no Brasil

Muitas pessoas da etnia iorubá foram trazidas ao Brasil a partir do século XVI em decorrência da escravidão. No Brasil, os iorubás passaram a ser chamados nagôs. A maioria dos nagôs desembarcou na Região Nordeste, principalmente no estado da Bahia, onde preservaram muitas de suas tradições, de suas crenças e de sua religião.

No século XIX, a religiosidade iorubá e a crença nos orixás deram origem ao candomblé, religião afro-brasileira que possui inúmeros seguidores.

> Em sua opinião, por que é importante conhecer e valorizar os elementos da cultura afro-brasileira, como as tradições e crenças religiosas? Explique.

Escultura de madeira iorubá que representa Xangô, o orixá dos raios e dos trovões. Acervo particular. Foto de 2015.

Os povos bantos

O termo "banto" refere-se a cerca de quatrocentos grupos étnicos africanos que se comunicam por meio de línguas de origem comum. Apesar de partilharem dessa mesma ancestralidade, a religiosidade e as formas de organização política ou social desses grupos são bastante distintas.

Acredita-se que a origem do grupo linguístico banto ocorreu na região onde estão localizados os atuais países Camarões e Nigéria. Por motivos ainda desconhecidos, por volta do século I, parte da população dessa região começou a migrar para o leste e para o sul do continente africano, ocupando territórios desabitados ou dominando outros povos por meio de guerras. Surgiram então, nesses territórios, outras línguas que possuíam o banto como estrutura e, assim, são classificadas como línguas de origem banta.

O Reino do Congo

Um dos mais importantes reinos bantos foi o Reino do Congo, fundado entre os séculos XIII e XIV. Esse reino ocupava o território onde atualmente se localizam partes de Angola, do Congo e da República Democrática do Congo.

O poder desse reino era fortemente centralizado nas mãos do rei, chamado *manicongo*, e era dividido em províncias administradas por governadores escolhidos pelo rei entre os membros das famílias aristocráticas ligadas a ele.

A capital do reino era M'Banza Congo, que entre os séculos XV e XVI tinha aproximadamente 100 mil habitantes. A cidade situava-se na confluência de várias rotas comerciais, de maneira que o comércio era sua principal atividade econômica. Nela, diversos produtos, como tecidos, metais, sal e marfim, eram comercializados nos mercados.

Os portugueses e o Reino do Congo

Durante o século XV, os portugueses estabeleceram uma forte relação comercial com o Reino do Congo. Essa relação com os portugueses influenciou diversos aspectos da sociedade congolesa. Em 1489, o rei do Congo converteu-se ao catolicismo, difundindo o cristianismo em todo o reino.

Como vimos, a partir do século XVI, os portugueses trouxeram para o Brasil milhões de africanos escravizados, muitos deles de origem banta. Assim, várias manifestações culturais brasileiras têm origem africana, como o desfile do Congado, retratado na foto abaixo.

Foto de desfile do Congado de Santa Efigênia, em Ouro Preto (MG), no ano de 2015.

Lendo

Quarta capa de livro

É um gênero textual que tem como objetivo instigar a leitura do livro por meio de um texto breve e de uma linguagem atrativa. Além disso, pode apresentar elementos visuais, como ilustrações.

Como vimos, o continente africano possui grande diversidade cultural. Os países da África, apesar de apresentarem muitas características em comum, são bem diferentes.

Um modo de conhecer mais sobre esses países é entrar em contato com aspectos culturais deles, por exemplo, por meio de suas histórias. Assim, para conhecê-las, podemos ler contos e outros registros escritos da tradição desses povos.

Hoje, é cada vez mais comum encontrarmos publicações que trazem diferentes tipos de histórias dos povos africanos. E, tendo um livro em mãos, como você pode saber como são essas histórias antes de abri-lo?

Veja na página a seguir a **quarta capa** do livro *O segredo das tranças e outras histórias africanas*, de Rogério Andrade Barbosa.

Antes da leitura

1. Antes de iniciar a leitura de um livro, você tem o hábito de ler a quarta capa? Comente com os colegas.
2. Em sua opinião, de que forma a quarta capa contribui para instigar a leitura de um livro?
3. Com base na ilustração da quarta capa apresentada ao lado, sobre o que você imagina que esse livro vai tratar?

> **LEMBRE-SE!**
> Na questão **3** você levantou hipóteses que serão confirmadas ou reelaboradas depois da leitura.

Durante a leitura

À medida que for lendo:
a) anote no caderno o nome dos países africanos de onde os contos a serem apresentados no livro foram extraídos;
b) identifique aspectos em comum entre esses países e o Brasil;
c) reflita sobre a importância de conhecer as histórias e as tradições dos povos africanos.

Depois da leitura

1. A ilustração da quarta capa apresentada ao lado foi importante para descobrir sobre o que o livro vai tratar? Explique.
2. Após a leitura da quarta capa, você se interessou por ler o livro todo? Por quê?
3. De acordo com a quarta capa, o que teria motivado o autor a escrever esse livro?
4. Você considera importante conhecer aspectos em comum e também as diferenças dos diversos povos africanos? Converse com os colegas sobre isso.

Os contos reunidos neste livro vêm de cinco países que estão situados em distantes pontos da África: Angola, Cabo Verde, Guiné-Bissau, Moçambique e São Tomé e Príncipe. Ainda que estejam todos no mesmo continente e tenham muitos pontos em comum, são países diferentes, com paisagens, histórias e populações diversas. Há um fato que os aproxima e que os torna também mais próximos de nós: todos eles foram, até os anos de 1970, colônias de Portugal e, por isso, têm o português como uma de suas línguas. Cada uma dessas histórias traz verdades sobre a vida que o autor do livro aprendeu com esses povos e quer dividir com cada um de nós. <u>Se aceitarmos o convite</u>, conheceremos mais desses povos, dessas terras, e voltaremos mais ricos dessa viagem que a leitura torna possível.

Rita Chaves

Quarta capa do livro *O segredo das tranças e outras histórias africanas*, de Rogério Andrade Barbosa. São Paulo: Scipione, 2009.

> Explique a que se refere a expressão "Se aceitarmos o convite". Que convite seria esse?

> Geralmente, quem escreve a quarta capa não é o autor do livro e sim uma pessoa convidada, que escreve do ponto de vista de um leitor.

Para investigar

A arte iorubá: os relevos de Benin

A tradição de fabricar artefatos com metais, como bronze e latão, existe há milhares de anos no território africano. As placas em relevo são um exemplo desse tipo de arte e eram muito utilizadas pelos reinos iorubás.

No Reino de Benin, ao longo dos séculos XVI e XVII, diversas placas em relevo foram produzidas para adornar o palácio do *obá* e para demonstrar seu poder. O relevo a seguir, intitulado *Rei a cavalo com séquito*, foi produzido no século XVII, na região do Reino de Benin (na atual Nigéria), e apresenta o *obá* acompanhado de dois escudeiros e um criado.

- O *obá* é a figura maior e em destaque no relevo. Ele se encontra sentado de lado sobre um cavalo. Sua vestimenta tradicional apresenta adornos e ele usa um colar de contas característico dos membros da elite iorubá.

- O fundo dos relevos produzidos em Benin apresentavam diversos elementos decorativos. Nesse caso, notam-se os adornos em formatos florais.

- Os dois escudeiros do *obá* foram representados em tamanho intermediário, pois não têm a importância do *obá*, mas apresentam um *status* mais elevado que o dos criados.

- Um criado, representado em tamanho menor que o das outras figuras, está conduzindo o cavalo do *obá*. Sua posição subalterna fica evidente, pois ele aparece abaixo dos pés do *obá*.

A

Esse relevo foi produzido com latão, embora muitos também fossem produzidos com bronze. As técnicas de fundição eram bem elaboradas e o molde de argila permitia criar detalhes no artefato. Acervo do Museu de Etnologia, Berlim, Alemanha. Foto de 2015.

Museum für Völkerkunde, Berlim (Alemanha). Fotografia: Werner Forman Archive/Glow Images

- Agora, veja a análise de outro relevo do Reino de Benin.

Observe que essa placa se encontra em bom estado de conservação e está completa. É comum encontrar peças como essa desgastadas com o passar do tempo, com rachaduras e lascadas.

A figura representa um guerreiro, com vestimenta típica e portando uma arma.

Placa de relevo do Reino de Benin, produzida entre os séculos XVI e XVII e que fazia parte dos adornos do palácio do *obá*. Acervo da Galeria Entwistle, Londres, Inglaterra. Foto de 2014.

1. Descreva a imagem ao lado.

2. Agora, compare o guerreiro representado na imagem **C** com o representado na **B** e cite as semelhanças e as diferenças entre eles.

3. Observe a vestimenta e os adornos corporais do *obá* representado na imagem **A**. Qual elemento em comum há entre essa figura e o guerreiro da imagem **C**? O que isso significa?

4. Em sua opinião, qual a relevância dos relevos de Benin como fontes históricas? Que informações podemos obter sobre o passado da sociedade que os produziu? Explique.

Placa de relevo do Reino de Benin, produzida entre os séculos XVI e XVII, que representa um guerreiro. Acervo do Museu Nacional de Antiguidades, Leiden, Holanda. Foto de 2014.

Atividades

Organizando o conhecimento

1. O que eram as sociedades sudanesas?

2. Onde era a "terra do ouro"? Por que ela recebia esse nome?

3. Qual a relação entre o Império do Mali e o islamismo?

4. Escreva um pequeno texto comentando a presença e a influência da cultura iorubá no Brasil.

Conectando ideias

5. As máscaras africanas são manifestações artísticas que apresentam significados peculiares relacionados à religiosidade. Sobre o tema, **leia** o texto e **observe** as imagens. Depois, responda às questões.

> [...] Para nós, máscara é coisa de bandido ou é parte da fantasia de carnaval, numa festa, num espetáculo teatral. Para muitos povos africanos, no entanto, as máscaras têm uma função quase sagrada, pois eles as veem como intermediários entre o mundo dos vivos e o mundo dos deuses e dos mortos.
>
> Com frequência as máscaras representam uma divindade, um ancestral (legendário ou histórico), um animal (mítico ou real), um herói, um espírito. [...]
>
> Hildegard Feist. *Arte Africana*. São Paulo: Moderna, 2010. p. 24-25.

A — Máscara de origem iorubá, proveniente da região da Nigéria. Peça produzida no século XX.

B — Máscara *ngil*, da etnia fang, proveniente da região do Gabão. Peça produzida no final do século XIX.

C — Máscara da região dos Camarões que representa um elefante. Peça feita de tecidos e contas, no século XX.

a) **Observe** as fotos e descreva cada máscara.

b) Como as máscaras estão relacionadas à religiosidade dos povos africanos? **Explique** com base no texto acima e no que você estudou neste capítulo.

6. Os orixás exercem importante papel na religiosidade iorubá e no candomblé, no Brasil. Cada orixá representa um elemento da natureza, um sentimento ou uma característica humana. Conheça a seguir alguns orixás e, no caderno, relacione cada descrição com a imagem correspondente.

[I] **Xangô**: deus dos trovões, dos raios e da justiça. Possui um instrumento chamado oxê, um machado com duas lâminas.

[II] **Iemanjá**: deusa dos mares, da limpeza e da fertilidade. Geralmente é representada com vestimentas nas cores azul e branca e com ornamentos com pedras do mar e conchas.

[III] **Oxóssi**: deus da caça e da fartura. Seu símbolo é o ofá (arco e flecha).

[IV] **Oyá** ou **Iansã**: deusa dos ventos, das tempestades e das paixões. Seu símbolo é o irukerê, instrumento feito da cauda de boi usado em rituais para afastar maus espíritos.

Ilustrações: Hugo Araújo

Verificando rota

Como você resumiria cada capítulo estudado nesta unidade? Anote no caderno os temas que você considera mais importantes. Depois, compare suas anotações com as de um colega. Elas são parecidas ou muito diferentes? Para finalizar, procure responder aos seguintes questionamentos.

- O que você achou mais interessante na unidade que acabou de estudar?
- Você teve alguma dúvida ao estudar os conteúdos da unidade? Quais? Buscou solucioná-las com a ajuda do professor?
- Você buscou ampliar seus conhecimentos sobre algum tema estudado nesta unidade? Qual(is)? Como?
- Você acredita que os temas estudados podem ajudar a compreender melhor a história das sociedades africanas e afro-brasileiras? Por quê?

Ampliando fronteiras

Os griôs e a tradição oral

Há muito tempo, a história e as tradições de diferentes povos africanos são transmitidas oralmente de geração em geração por meio de contos, cantigas, poesias e lendas. Em muitas sociedades africanas, a memória era o principal recurso das pessoas para preservar e transmitir o conhecimento para as gerações futuras.

Assim, a tradição oral tornou-se uma das maneiras de estabelecer a conexão entre passado e presente em diversos países africanos, como Mali, Nigéria, Gana, Guiné e Senegal. Ao ajudar a preservar a história e a cultura de seu povo, os griôs auxiliam no processo de formação da identidade e dos valores de uma sociedade. Mesmo atualmente, eles continuam exercendo seu papel em diversas sociedades africanas.

Dotados de grande capacidade de memorização, muitas vezes os griôs assumem papel fundamental em sua comunidade, ao transmitir conhecimentos úteis para a vida cotidiana. Leia o texto a seguir e conheça um pouco mais sobre os griôs.

[...] Em muitas culturas, especialmente as tradicionais africanas, os guardiões da história em diversas regiões da África desenvolvem grande capacidade de memorizar o maior número de informações a respeito da linhagem de uma família, da organização política de um grupo, das funções de determinadas ervas utilizadas para a cura de doenças, da preservação das tradições: são os [griôs], contadores de história, guardiões da memória. [...]

Ministério da Educação. Secretaria da Educação Continuada, Alfabetização e Diversidade. *Orientações e Ações para a Educação das Relações Étnico-Raciais*. Brasília: Secad, 2006. p. 44. Disponível em: <http://portal.mec.gov.br/dmdocuments/orientacoes_etnicoraciais.pdf>. Acesso em: 4 jun. 2016.

Os griôs no Brasil

A tradição oral foi muito importante para a preservação da cultura de diferentes grupos afrodescendentes. No Brasil, os griôs tiveram um papel fundamental nesse processo.

Para preservar, incentivar e divulgar o conhecimento dos griôs, alguns projetos vêm sendo desenvolvidos em nosso país. No município de Lençóis, na Bahia, por exemplo, teve início na década de 1990 o projeto Ação Griô, que atua na formação de jovens griôs, assim como no desenvolvimento de projetos pedagógicos que promovem o contato entre mestres da tradição oral e alunos e professores de diversas escolas. Atualmente, o projeto é desenvolvido em diversas regiões do Brasil.

Outra importante questão relacionada aos griôs no país é a Lei Griô, projeto de lei em tramitação no Congresso Nacional que tem como objetivo promover a valorização dos mestres griôs e estimular a transmissão de seus conhecimentos. Assim, o projeto prevê a oferta de bolsas de incentivo destinadas aos griôs para que eles possam divulgar seus saberes entre os alunos de escolas de todo o Brasil.

1. Qual a importância do trabalho de um griô? Que tipo de conhecimento ele pode transmitir aos membros de sua comunidade?

2. De que maneira um griô poderia auxiliar no ensino da escola em que você estuda? Reflita sobre essa questão e converse com os colegas.

3. Junte-se a um colega e imaginem que vocês sejam griôs responsáveis por transmitir conhecimentos de seus antepassados aos membros da comunidade onde vivem. Pensem nos ensinamentos mais importantes que vocês adquiriram com seus pais, tios, avós e façam uma lista. Depois, pensem em maneiras criativas de transmitir esses conhecimentos aos colegas, seja elaborando contos e poesias, seja compondo músicas. Lembrem-se de que, mesmo se forem escritas, as informações devem ser declamadas por vocês. Caso saibam tocar algum instrumento, verifiquem a possibilidade de utilizá-lo na apresentação.

UNIDADE

4

O Oriente: China e Japão

Há milhares de anos, o território que constitui a China atual e o território que forma o Japão atual foram habitados por diferentes povos.

Nesta unidade, vamos conhecer a história e a cultura das civilizações que se desenvolveram na China e no Japão a partir do século V. Alguns aspectos que veremos são os costumes, as tradições culturais e religiosas e as regras de conduta próprias dessas sociedades que vigoram até hoje.

Agora vamos estudar...
- a reunificação da China;
- as principais dinastias imperiais chinesas;
- aspectos da cultura e do cotidiano da sociedade chinesa;
- a formação do Japão e os períodos de sua história;
- o budismo e o xintoísmo no Japão.

Iniciando rota

1. Na foto, que elementos podem ser considerados tradicionais e quais podem ser considerados modernos?

2. Que aspectos culturais da China ou do Japão você conhece? Quais deles são modernos? Quais são tradicionais?

3. Em seu cotidiano, elementos tradicionais dividem espaço com elementos modernos? Converse com os colegas.

Embarcação tradicional chinesa, conhecida como junco, navega na baía de Hong Kong, na China. Foto de 2016.

CAPÍTULO 7

A China imperial

No **6º** ano, você estudou alguns aspectos da história da China e tomou conhecimento de que o Império Chinês se formou em 221 a.C. sob o comando de Qin Shihuangdi, o primeiro imperador. Com a morte dele, teve início a **dinastia Han**, que permaneceu no poder entre 206 a.C. e 220. Durante esse período, o Império Chinês expandiu-se e deu início a uma época de grande prosperidade econômica e social.

O Império enfraquecido

No Império Chinês, nem todos desfrutavam de prosperidade econômica e social, como os camponeses, que enfrentavam condições de vida muito precárias, constituindo grande parte da população.

Assim, por volta do século II, os camponeses passaram a organizar diversas revoltas que enfraqueceram o Império e levaram à queda da dinastia Han no ano de 220.

Os séculos seguintes foram marcados por uma série de guerras e conflitos, causando a fragmentação do Império. A China, então, se dividiu em vários reinos independentes.

O Império Chinês durante a reunificação (séculos VI-VIII)

Fonte: Jeremy Black. *World History Atlas*. Londres: Dorling Kindersley, 2005. p. 262.

A reunificação do Império

Em 581, o general Yang Jian, da região norte, conquistou o poder e reunificou o Império, fundando a **dinastia Sui**, que governou entre os anos de 581 e 618.

Uma sucessão de campanhas militares malsucedidas, aliadas a uma crise econômica, levou a revoltas populares que enfraqueceram a autoridade do imperador. Assim, em 618, um general da família Tang depôs o imperador e assumiu o trono, dando início a uma nova dinastia no poder.

90

Dinastia Tang (618-907)

Esse período foi marcado pela expansão territorial do Império e por grande desenvolvimento no campo das artes, como a dança, a poesia, a pintura e a escultura. Foi durante a **dinastia Tang** que a China foi governada por uma mulher reconhecidamente hábil e talentosa, que reinou entre os anos de 690 e 705, a imperatriz Wu Zetian.

Dinastia Song (960-1279)

Durante a **dinastia Song**, houve intenso florescimento cultural, principalmente nas áreas da Ciência, da Filosofia e da Arte. Houve também a difusão das técnicas de impressão de livros com tipos feitos de madeira, permitindo a reprodução de obras de forma mais rápida e barata. Além disso, com a produção de aço, foram desenvolvidos novos materiais bélicos. Substituindo o ferro fundido por esse material, as armas tornaram-se mais leves e resistentes.

Estátua de cerâmica feita durante a dinastia Tang que representa uma mulher da elite chinesa. Acervo do Museu de Xangai, China. Foto de 2013.

Dinastia Yuan (1279-1368)

Em 1215, Gêngis Khan, líder do Império Mongol, formado a partir de 1206 na atual Mongólia, expandiu seus territórios e conquistou a região norte da China. Em 1279, seu neto, Kublai Khan, conquistou a região sul e fundou a **dinastia Yuan**.

Entre 1279 e 1368, portanto, o Império Chinês foi dominado pelos mongóis, intensificando seu contato com os povos europeus. Muitos aspectos sobre a sociedade desse período foram registrados por viajantes, como Marco Polo, mercador italiano que viveu lá durante muitos anos.

Estátua de Gêngis Khan, localizada no palácio do Governo, em Ulan Bator, capital da Mongólia. Foto de 2015.

Dinastia Ming (1368-1644)

Durante a **dinastia Ming**, o Império passou por um período de enriquecimento, alcançado por meio do comércio com outros povos, de estabilidade social e de grande aumento populacional.

Para evitar possíveis invasões estrangeiras, como a dos mongóis, o Império foi fortemente militarizado. Foram criados um exército e uma marinha permanentes.

Tipos: nesse sentido, são blocos de madeira com gravações em relevo que permitem sua reprodução por meio da impressão.

A sociedade imperial

A sociedade chinesa na época imperial era dividida entre os membros da nobreza, entre os mercadores e os artesãos e entre os camponeses.

Embora houvesse uma hierarquia social estabelecida, a existência de concursos públicos (vigentes desde a época dos Han) possibilitava certa mobilidade e que pessoas de diferentes condições sociais pudessem aspirar a cargos no governo. Caso fossem admitidas mediante aprovação no exame aplicado, essas pessoas obtinham prestígio e melhores condições de vida.

Os grupos sociais

A **nobreza** era composta por grandes proprietários de terras e por membros da corte imperial, os quais ocupavam cargos administrativos e públicos, como conselheiros, generais e tesoureiros. Muitos desses membros da corte eram familiares do imperador.

Os **mercadores** formavam um grupo social muito rico. Com as prósperas relações comerciais com outros reinos e impérios na Europa e na Ásia, eles comercializavam produtos de luxo, como seda, perfumes e porcelana, e especiarias, como gengibre, pimenta e gergelim.

Já os **artesãos** reuniam-se em oficinas, onde produziam diversos objetos, como utensílios domésticos, armas, joias e instrumentos musicais.

Os **camponeses** formavam a camada social mais pobre e mais numerosa do Império. Em geral, famílias inteiras de camponeses trabalhavam para os nobres proprietários de terras, cultivando vários produtos, principalmente painço, chá e arroz, em troca de moradia e proteção. Além disso, cada família recebia um pedaço de terra para cultivar produtos para seu próprio sustento.

> **Painço:** tipo de cereal semelhante ao milho. Rico em nutrientes, é também conhecido como milho-miúdo ou milho-da-itália.

Hugo Araújo

92

O cotidiano

O cotidiano da população chinesa durante o período imperial variou ao longo do tempo e também de uma região para outra. Muitos elementos do dia a dia eram diferentes entre as camadas sociais do Império. A seguir, veremos alguns aspectos do cotidiano, como o vestuário e a alimentação.

Vestuário

As peças básicas do vestuário chinês eram a túnica, o manto, a calça e o chapéu, conforme representação ao lado.

As pessoas mais ricas usavam roupas de tecido como o algodão e a seda. Mulheres e homens costumavam usar joias para se enfeitar.

Já as pessoas mais pobres, como os camponeses, vestiam-se com tecidos mais simples. O uso de calças e de cintos de couro também era comum entre elas.

Alimentação

De modo geral, a base da alimentação no norte da China era o painço, de fácil cultivo na região, de clima seco e frio. No sul, cujo clima é mais quente e úmido, o arroz era o alimento básico.

O consumo de chá começou a se tornar popular no norte do país, especialmente entre a elite, durante a dinastia Tang. Ao longo do tempo, o chá também passou a ser consumido em outras regiões da China e por outras camadas sociais, tornando-se um costume entre a população chinesa.

Membro da elite chinesa na época da dinastia Ming. Estátua de terracota feita por volta do ano de 1600. Acervo particular. Foto de 2015.

Esta ilustração é uma representação artística feita com base em pesquisas históricas.

Cultura e tecnologia

Ao longo da história da China, diversos exploradores, mercadores e monges chineses trilharam caminhos para outras partes da Ásia, como a Ásia Central e o Oriente Médio, estabelecendo trocas culturais e comerciais com outros povos. Durante a dinastia Tang, essas trocas intensificaram-se, transformando profundamente a sociedade chinesa.

Alguns exemplos dessas influências culturais são o budismo, a astronomia e a cosmologia. Na literatura, a China recebeu influências de contos populares de origem indiana, persa e europeia, assim como de elementos da cultura greco-romana.

Estados da Ásia Central, como o que corresponde ao Camboja atual, influenciaram a dança, a música e também o modo de se vestir dos chineses. Além disso, especiarias e temperos de diversas partes do mundo enriqueceram a culinária da China naquele período, como a pimenta indiana.

> **Cosmologia:** ciência que estuda a estrutura, a composição e o desenvolvimento do Universo.

Confucionismo e budismo

O confucionismo e o budismo são filosofias bastante difundidas na China.

Tendo como base as ideias de Confúcio, pensador chinês que nasceu no século VI a.C., o confucionismo apresenta a crença de que a educação e o respeito a determinadas regras de conduta construiriam uma sociedade mais justa e pacífica. Por isso, Confúcio acreditava que tanto os governantes quanto os cidadãos comuns deveriam buscar instrução para haver aperfeiçoamento pessoal. Os principais valores transmitidos por Confúcio eram a honestidade e o respeito às outras pessoas, especialmente às de gerações mais antigas.

No século XII, houve uma revalorização dos princípios de Confúcio, nos quais estava estabelecido o caminho para a evolução moral de cada indivíduo, o que resultaria em uma evolução coletiva. Assim, o confucionismo transformou a cultura chinesa, e os efeitos dessa filosofia podem ser sentidos no país até a atualidade.

O budismo, por sua vez, é uma religião que surgiu na Índia, na mesma época em que viveu Confúcio. Seu criador foi Sidarta Gautama, o Buda, o qual acreditava que todos os seres humanos poderiam alcançar a salvação espiritual. Ele estabeleceu alguns preceitos, como o desapego a bens materiais e a pessoas. O budismo espalhou-se por várias regiões da Ásia e depois para todo o mundo. Os monges budistas levam uma vida isolada, em contato com a natureza, e executam suas tarefas com grande disciplina.

Atualmente, existem milhões de seguidores do budismo no mundo. Na foto, jovens chinesas acendem incensos em frente a um templo budista em Pequim, na China, em 2014.

Invenções

Durante o período Tang, a China esteve em plena efervescência criativa. O papel, por exemplo, criado no século II durante a dinastia Han, passou a ser muito utilizado, pois as cédulas de dinheiro estavam sendo cada vez mais empregadas.

Outras inovações dessa época foram desenvolvidas com base em técnicas de fundição de ferro, com a criação de ferramentas, de chaves e de fechaduras, entre outros utensílios. A pólvora, obtida no ano de 850, foi inicialmente usada para a fabricação de fogos de artifício. Mais tarde, tornou possível a concepção das armas de fogo, que mudariam radicalmente as formas de guerrear.

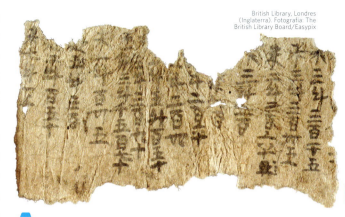

Fragmento de papel utilizado na época da dinastia Tang, por volta do século VII. Acervo da Biblioteca Britânica, em Londres, Inglaterra.

Houve ainda o aprimoramento da bússola, inventada no século IV a.C., e da porcelana, um dos objetos mais comercializados pela China por longo período.

> Com base no que você estudou até o momento, como a descoberta da pólvora mudou a maneira de guerrear? Como era antes? Como se tornou depois?

Conquistas marítimas

O terceiro imperador da dinastia Ming, Hongwu (1328-1398), resolveu adotar uma política que tinha a intenção de estender as fronteiras da China e efetuar trocas comerciais e culturais por meio da realização de expedições marítimas.

Com a ciência náutica em pleno aperfeiçoamento, o imperador designou seu conselheiro, Zheng He, ao cargo de comandante dessas expedições. Partindo de portos ao sul da China, foram realizadas sete expedições, sendo a primeira no ano de 1405, ou seja, quase um século antes de os europeus chegarem às Américas, em 1492 (assunto que será estudado na próxima unidade), e a última em 1432.

Ciência náutica: ciência relacionada à navegação que reúne os conhecimentos necessários para a condução de embarcações pelas águas.

As viagens davam-se em **juncos**, embarcações até cinco vezes maiores que as caravelas usadas pelos europeus. Sabe-se que as jornadas comandadas por Zheng He chegaram até a região do atual Quênia, na África, parando por inúmeros portos e comercializando os mais diversos produtos. As viagens serviam também para estabelecer relações diplomáticas com outros países.

Com a morte do imperador, não houve continuidade das grandes expedições marítimas, e a China entrou em um período de isolamento, limitando o comércio com o estrangeiro.

Maquete de junco chinês. Acervo do Museu Marítimo de Vancouver, Canadá. Foto de 2015.

Atividades

▌ Organizando o conhecimento

1. Como viviam os camponeses na época da fragmentação do Império Chinês com o fim da dinastia Han?

2. De que maneira estava organizada a sociedade imperial chinesa?

3. Cite algumas influências que a cultura chinesa recebeu de outros povos e de que maneira elas ocorreram.

4. Cite dois exemplos de invenções chinesas e comente a importância de cada uma delas.

5. Quais eram os principais objetivos das expedições marítimas ocorridas durante a dinastia Ming?

▌ Conectando ideias

6. (Ufal) Considere o desenho. O desenho mostra dois soldados chineses usando flechas incendiárias. No século X, os chineses descobriram que, aplicando pólvora às flechas, podiam criar uma nova arma explosiva visando destruir seus inimigos. No entanto, mesmo com essas armas os chineses não conseguiram impedir, três séculos depois, que os

a) hunos dominassem completamente seu território e lhes impusessem o confucionismo.

b) europeus invadissem as regiões produtoras de seda e monopolizassem o comércio desse produto.

c) japoneses invadissem as regiões agrícolas do Vale do Rio Amarelo, visando à exploração do arroz.

d) persas e os tártaros exercessem o domínio sobre seu território e controlassem as rotas da seda.

e) mongóis impusessem a dominação sobre seu território, aproveitando os conflitos internos entre chineses.

▌ Representação de chineses disparando flechas incendiárias, em xilogravura do século X. Acervo da Biblioteca Britânica, em Londres, Inglaterra.

7. O texto a seguir aborda algumas alternativas de entretenimento da população chinesa durante o século IX. **Leia-o** e, depois, responda às questões.

> Senhoras e cavaleiros chineses de classe social elevada, servidos por um corpo de criados e escravos, passavam o seu tempo livre em vários divertimentos. Apreciavam esportes, jogos de salão, música, dança, os grandes festivais da estação e os cerimoniais que marcavam tais ocasiões, como o ano novo — ou o aniversário do rei. O povo mais humilde participava de algumas dessas diversões. A caça, por exemplo, era um esporte franqueado a todos. Uma caça real era um grande acontecimento, com batedores, cães, leopardos e águias. Mas mesmo um homem menos nobre podia apreciar um dia nas planícies com um falcão coreano treinado, e o homem do povo poderia ir à floresta com seu açor na esperança de adicionar uma lebre ou um faisão à panela da família.
>
> Havia outros esportes movimentados, inclusive um tipo de futebol que tinha sido popular desde a antiguidade e era considerado como um útil exercício militar. Nos tempos Tang, imperadores, cortesãos, intelectuais e mesmo senhoras apreciavam o jogo de polo, que tinha sido introduzido, não havia muito, das terras iranianas. [...]
>
> Entre os esportes menos movimentados estavam os jogos de mesa e de salão, alguns dos quais eram remotamente aparentados do moderno "Parcheesi", loto e gamão. [...]
>
> Edward H. Schafer. *China Antiga.* Trad. Maria de Lourdes Campos Campello. Rio de Janeiro: José Olympio Editora, 1973. p. 41.

> **Açor:** espécie de ave de rapina muito utilizada para auxiliar caçadores.
>
> **Parcheesi:** jogo de tabuleiro jogado por até quatro pessoas, também conhecido como ludo real.

a) O texto trata de alternativas de entretenimento de qual camada social da China imperial?

b) De acordo com o texto, que atividades eram praticadas como forma de entretenimento na China do século IX? Qual dessas atividades foi representada na imagem ao lado?

c) Quais formas de entretenimento mais chamaram sua atenção? Por quê?

d) Você ou alguém de sua família costuma praticar alguma dessas atividades como entretenimento? Converse com seus pais ou responsáveis e depois **compartilhe** sua resposta com os colegas de sala.

Representação de mulher movendo uma peça em um jogo de tabuleiro. Detalhe de pintura em seda do século VII, durante a dinastia Tang, encontrada nos túmulos de Astana, em Xinjiang, na China. Foto de 2015.

97

CAPÍTULO 8

A formação do Japão

Há diversas teorias que buscam explicações sobre os primeiros habitantes do arquipélago que hoje forma o Japão. Baseando-se em estudos arqueológicos, uma dessas teorias defende que a região começou a ser povoada há cerca de 30 mil anos por povos originários da península coreana. Acredita-se que os primeiros registros da cultura japonesa foram produzidos há aproximadamente 6 mil anos, e entre eles estão utensílios domésticos de barro, como potes e vasos cilíndricos, da cultura conhecida como Jomon.

Por volta de 300 a.C., teria havido uma segunda onda migratória de pessoas originárias do norte da China, que se fixaram nas ilhas do atual Japão. Conhecidas como Yayoi, essas pessoas formavam grupos sedentários que cultivavam arroz, criavam animais e conheciam técnicas de metalurgia. Aos poucos, a cultura Yayoi tornou-se predominante na região, superando a Jomon.

O Japão arcaico (séc. III)

Fonte: Jeremy Black. *World History Atlas*. Londres: Dorling Kindersley, 2005. p. 264.

Vaso feito pelos Yayoi, por volta do ano 200. Acervo do Museu Nacional de Tóquio, Japão. Foto de 2015.

O período Asuka

Entre os anos 552 e 710, a cultura japonesa passou por transformações, sobretudo em decorrência das influências culturais de outros povos, como os coreanos e os chineses. Entre os historiadores, esse período é conhecido como período Asuka, cujo nome faz referência à região denominada Asuka, localizada ao sul da província de Nara.

▌**Arquipélago:** conjunto de ilhas.
Escrita ideográfica: escrita composta de símbolos ou sinais que expressam um conceito ou uma ideia.

Reinos e impérios

A cultura Yayoi prevaleceu por cerca de seiscentos anos. Nesse período, as comunidades que se desenvolveram no arquipélago japonês estavam organizadas em clãs. Cada um deles possuía um chefe, mulher ou homem, que procurava expandir seus territórios à medida que o número de membros crescia. Para ampliar seus domínios, alguns chefes estabeleceram alianças entre os clãs, possibilitando a formação de diversos reinos.

Entre os séculos IV e V, originou-se o Reino de Yamato, governado pelo rei Ojin. Esse reino expandiu-se formando um império. Nos dois séculos seguintes, no chamado **período Asuka**, o Império Yamato cresceu e recebeu diversas influências de outras culturas. Os chineses, por exemplo, introduziram a escrita ideográfica (do japonês, *kanji*) e o confucionismo. Além disso, monges coreanos difundiram a religião budista.

98

Períodos da história do Japão

A história do país que hoje conhecemos como Japão costuma ser dividida em períodos marcados por intenso desenvolvimento cultural e intelectual. Conheça a seguir alguns desses períodos.

Período Nara (710-794)

No ano de 710, estabeleceu-se a primeira capital fixa do Japão, em Nara, considerada também o primeiro centro urbano do Império. Entre os anos de 710 e 794, durante o **período Nara**, houve intenso desenvolvimento nas áreas da arquitetura, das artes e da literatura.

Além disso, com o aprimoramento da escrita japonesa, nesse período foi produzida grande quantidade de registros documentais, como editos e ordens do governo, além de poemas dedicados a temas como o amor e a natureza.

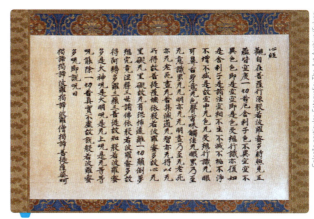

Poema japonês escrito em 755, durante o período Nara.

Edito: publicação de uma lei, de uma ordem judicial.

Período Heian (794-1185)

O **período Heian** foi marcado pelo surgimento da figura do **samurai** (do japonês, "aquele que serve"). Os samurais inicialmente eram guerreiros encarregados de proteger a propriedade privada e de cobrar impostos.

Com o aperfeiçoamento de seus métodos de luta, ao longo dos anos, os samurais passaram a compor um novo grupo da sociedade, unido por um código de ética chamado *bushido*.

A ascensão dos xoguns (1185-1867)

A partir do século XII, desenvolveu-se um sistema de governo chamado **xogunato**, também conhecido como *bakufu*. Esse sistema de governo foi possibilitado por causa do enfraquecimento do poder imperial ao mesmo tempo em que os chefes dos clãs e também grandes proprietários de terras fortaleciam-se e disputavam o poder entre si.

Após uma série de conflitos, Yoritomo Minamoto, chefe de um clã guerreiro, recebeu o título de **xogum** e tornou-se o supremo comandante militar do Japão.

No xogunato, o imperador permanecia apenas com o poder formal, sendo o governo exercido pelo xogum e auxiliado por um exército de guerreiros.

Esse período de ascensão dos xoguns costuma ser dividido em três: **período Kamakura** (1185 a 1333), **período Muromachi** (1333 a 1603) e **período Edo** (1603 a 1867).

Pintura em tecido representando Tokugawa Ieyasu, que se tornou xogum em 1603, dando início ao período Edo. Autoria desconhecida.

A sociedade na época do xogunato

Nos anos em que vigorou o sistema de xogunato, houve pouca possibilidade de mobilidade social. Conheça a seguir alguns aspectos da sociedade do Japão dessa época.

O poder do imperador

Desde o estabelecimento do Império Yamato, o imperador ou *tenno* ("imperador celeste", em japonês) exerceu grande autoridade. Naquela época, acreditava-se que o *tenno* era herdeiro dos deuses e que seu poder era transmitido aos descendentes. Como tal, a autoridade dele se impunha sobre o céu, sobre os seres humanos e sobre a terra, cabendo a ele garantir o bem-estar de seus súditos.

O xogum

Como vimos anteriormente, o xogum era o supremo comandante militar do Japão, e, embora devesse lealdade ao imperador, na prática era ele quem exercia o poder.

Durante o período Kamakura, o xogum Yoritomo Minamoto governou o Império apoiado por um exército de guerreiros samurais. Ele reprimiu grupos rebeldes e tornou o título de xogum permanente e hereditário.

Para consolidar seu poder, Minamoto criou cargos como o dos *shugo*, autoridades militares responsáveis pela manutenção da ordem, e dos *jito*, cobradores de impostos, que atuavam em diversas regiões do Império.

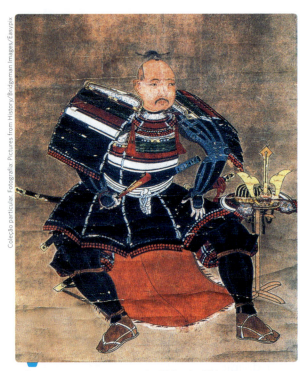

Imagem que representa Takeda Shingen, que foi *daimio* no século XVI. Xilogravura do artista japonês Utagawa Kuniyoshi, feita no século XIX.

O *daimio*

Os *daimio* eram senhores das terras e subordinados ao xogum. Apesar de eles administrarem essas terras, era o xogum quem possuía plenos poderes sobre elas, podendo remanejá-las, desapropriá-las, aumentar ou diminuir sua extensão. Dessa forma, o xogum garantia a lealdade dos *daimio*, submetendo-os ao seu poder.

No período Edo, uma maneira de exercer controle do xogum sobre o *daimio* era o sistema *sankin kotai* (traduzido do japonês, "presença alternada"). Nesse sistema, o *daimio* era obrigado a passar quatro meses do ano na capital, Edo, e oito meses nas terras por ele administradas. Quando voltava a essas terras, a família dele permanecia na capital, sob vigilância das autoridades. Além disso, o *daimio* devia ao xogum o pagamento de impostos e a lealdade política e militar.

Os samurais

Os samurais serviam aos *daimio*, protegendo suas terras em épocas de conflitos e cobrando impostos dos camponeses.

Eles recebiam o *koku*, gratificação equivalente à quantidade de arroz suficiente para alimentar uma pessoa por um ano.

Durante o período de domínio dos xoguns, os samurais formavam um grupo privilegiado na sociedade. No período Edo, época marcada pela paz interna no Japão, muitos samurais passaram a dedicar-se também a outras atividades, como ao comércio e ao ensino de artes marciais.

Os camponeses

A agricultura era a base da economia japonesa na época dos xoguns. O arroz era o principal produto cultivado e, apesar do grande valor comercial, os camponeses que o produziam formavam uma das camadas mais pobres e numerosas da população na época do Império.

Traje de samurai do século XVIII. Acervo da Torre de Londres, Inglaterra. Foto de 2014.

Trabalhando nas terras dos *daimio*, eles estavam sujeitos à cobrança de altos impostos em troca de moradia e proteção. Para garantir a produção agrícola destinada ao pagamento dos impostos, os camponeses uniam suas famílias formando comunidades, lideradas por chefes escolhidos entre eles.

Esses chefes eram responsáveis pela organização e pelo controle da produção agrícola e pelo pagamento dos impostos devidos.

Xilogravura que representa camponeses cultivando a terra, feita pelo artista japonês Katsushika Hokusai, no ano de 1830.

Os comerciantes

Por volta do século XVII, houve grande desenvolvimento econômico no Japão, acelerando o processo de urbanização de diversas cidades do Império. Nesse contexto, as atividades comerciais passaram a ser um meio importante de garantir boas condições de vida entre as camadas trabalhadoras da sociedade.

Muitos comerciantes enriqueceram e ascenderam socialmente. Nesse período, surgiram muitas casas comerciais e armazéns, que vendiam produtos, como roupas, alimentos e artigos de luxo.

A religiosidade

A religiosidade foi um aspecto importante da cultura e da sociedade japonesa na época dos xoguns. Conheça a seguir algumas características das duas principais religiões da época: o xintoísmo e o budismo.

O xintoísmo

Como vimos, os japoneses acreditavam que o imperador era o herdeiro dos deuses. Essa maneira de pensar originou-se no xintoísmo, crença religiosa que provavelmente se desenvolveu no Japão por volta de 300 a.C.

O xintoísmo é baseado no culto aos deuses, à natureza e aos ancestrais. De acordo com essa religião, o Universo é regido por forças naturais em constante transformação. Seus princípios visam à harmonia dos seres humanos com a natureza e, para isso, seus seguidores realizam orações e oferendas a fim de manter o equilíbrio das forças do Universo e pedir boas colheitas, proteção e paz.

Torii, símbolo do xintoísmo, na cidade de Nikko, no Japão. Foto de 2014.

O budismo

Zen: palavra de origem sânscrita cujo significado está relacionado à meditação e à contemplação.

Frugalidade: qualidade de quem possui hábitos simples, modestos.

O budismo foi difundido no Japão por monges coreanos no século VI e, ao longo do tempo, foi adquirindo características próprias, diferenciando-se do budismo praticado pelos indianos e pelos chineses.

O budismo que se desenvolveu no Japão ficou conhecido como zen-budismo, agregando elementos do xintoísmo, como o culto aos antepassados e alguns ritos funerários.

De acordo com alguns estudiosos, o zen-budismo tornou-se popular no Japão por causa de sua simplicidade em relação ao xintoísmo e aos outros tipos de budismo praticados na Ásia. Leia o texto a seguir, que trata desse aspecto.

Estátua de Buda no templo de Kamakura, no Japão. Foto de 2013.

[...] No plano da religião, correntes do zen-budismo são introduzidas no Japão entre os séculos XII e XIII. Sua aceitação no meio samurai foi decisiva para a sua divulgação. Os samurais valorizavam a simplicidade, a frugalidade, e o zen-budismo ensinava exatamente esses valores. O contraste entre as seitas budistas disseminadas até então entre os nobres da corte era visível. Ali as cerimônias eram pomposas. Para o samurai, ao contrário, bastava um lugar silencioso para que pudesse praticar a sua religião. [...]

Célia Sakurai. *Os japoneses*. São Paulo: Contexto, 2014. p. 86.

1 Quais eram os valores ensinados pelo zen-budismo?

2 Em sua opinião, esses valores influenciaram o modo de vida dos japoneses?

O contato com o Ocidente

Em 1543, os japoneses entraram em contato com a cultura ocidental em razão da chegada de comerciantes portugueses à ilha de Tanegashima, situada no arquipélago de Osumi, na região sul do Japão.

Anos mais tarde, missionários jesuítas introduziram a religião cristã católica no Império, conquistando grande número de seguidores entre as várias camadas da sociedade.

Crucifixo de bronze feito por cristãos japoneses por volta do ano de 1800. No centro dessa peça, há uma representação de Buda. Acervo da Sociedade para as Missões Estrangeiras de Paris, França. Foto de 2015.

Além disso, o contato com a cultura ocidental também foi responsável pela introdução de novos hábitos entre a população, como o consumo do tabaco e o uso de armas de fogo, que passaram a substituir armas tradicionais como o arco e a flecha e as espadas.

A política de isolamento

O contato com o Ocidente, no entanto, gerou muita instabilidade, com a ocorrência de disputas entre as esferas de influência religiosa, como a da Igreja católica e da Igreja protestante. O monoteísmo cristão, ao questionar a ideia de divindade do imperador, ameaçava o poder e a estabilidade política e social do Império.

Assim, no século XVI, as pessoas convertidas ao cristianismo passaram a ser perseguidas, e as que resistiam eram presas e condenadas à morte.

Monumento aos 26 mártires do Japão, perseguidos pelas autoridades japonesas e crucificados na cidade de Nagasaki, em 1597. Foto de 2015.

Comerciantes e missionários europeus passaram a sofrer sanções até serem expulsos do Império. Com exceção de poucos comerciantes holandeses, não foi permitida a entrada de estrangeiros no território e, a partir de 1637, nenhum japonês podia sair dos domínios do Império e quem estivesse fora deles não podia retornar. Esse isolamento permaneceu até o final do século XIX, quando o sistema de xogunato terminou no Japão e o poder imperial foi restaurado. Desse momento em diante, o país passou por um processo de mudanças políticas e de modernização.

Saiba mais

O *bushido*, código de conduta dos samurais

Entre os samurais, existia um rigoroso código de conduta que recebia o nome de *bushido* (traduzido do japonês, "caminho do guerreiro"). Como nunca chegou a ser escrito integralmente, o conhecimento sobre esse código preservou-se por meio da oralidade e de obras de samurais, que descreveram alguns dos aspectos relacionados ao *bushido*, entre os séculos XVI e XVIII.

As bases do *bushido* são o equilíbrio, a disciplina e a lealdade, e ao samurai caberia a busca por um caminho de honra, de sabedoria e de coragem. De acordo com esse código, tais virtudes poderiam ser alcançadas por meio da vitória sobre seus adversários, e também sobre si mesmo, combinando esforço físico e espiritual para superar os próprios limites.

Influência religiosa

Alguns ensinamentos religiosos tiveram influência sobre o *bushido*. Segundo o budismo, a vida se refaz por meio da reencarnação, e a morte deve ser compreendida como uma transição para outra vida, e não como o fim. Apropriando-se desses preceitos, o *bushido* afirmava que a morte não deveria ser temida pelos samurais, mas entendida como um caminho para sua evolução.

Já o xintoísmo ensina que tudo o que as pessoas possuem no presente é por causa do trabalho de seus ancestrais e, para honrá-los e agradecer-lhes, elas devem adotar uma conduta rígida. Esse modo de portar-se foi incorporado ao *bushido*, além de valores como a gratidão e a lealdade do samurai ao seu senhor.

> **Reencarnação:** crença na vida após a morte e na ideia de que a evolução do espírito humano ocorre após vidas consecutivas.

Grupo de samurais fotografado no final do século XIX.

104

A honra e o *seppuku*

Perder a honra ao ser desleal com seu senhor ou permanecer vivo após ser derrotado em uma batalha eram motivo de grande vergonha para os samurais e seus familiares. A má conduta de um samurai podia implicar consequências para todos da família, como a perda de terras e a descontinuidade da passagem da condição de samurai para seus herdeiros.

Assim, para um samurai, muitas vezes era melhor praticar o *seppuku*, ou seja, tirar a própria vida em nome de sua honra, a ter de viver sendo considerado covarde.

O Estado japonês e o *bushido*

Atualmente, os samurais são considerados um dos símbolos mais representativos da cultura japonesa. Diversos filmes, animações, quadrinhos e jogos de *video game* fazem referência a eles. Além disso, em diferentes momentos da história do país, o Estado fez uso da imagem dos samurais para obter algum tipo de apoio da população.

Durante o século XIX, o Estado japonês procurou formar uma identidade nacional, com o objetivo de fazer com que a população adotasse alguns valores considerados importantes para o governo, como a lealdade ao imperador. Para isso, fez uso da figura do samurai e de sua conduta honrada, transformando-o numa espécie de herói. Por meio desse recurso, o governo do Japão conseguiu que parte da população acreditasse que todo japonês pudesse se enxergar na condição de samurai, sendo disciplinado com o que o Estado acreditava ser um bem comum.

Samurai Jack, personagem de um desenho animado estadunidense que fez bastante sucesso no Japão e também no Brasil.

105

Valores em ação

A tradição do teatro japonês

É muito comum, no dia a dia, ouvirmos falar sobre a importância de preservar determinada **tradição**. Você já parou para pensar o que são tradições? E por que as pessoas costumam falar em preservá-las?

Ao longo do tempo, a cultura de um país ou de um povo pode passar por diversas transformações. No entanto, diversos elementos culturais são transmitidos de geração para geração, muitas vezes sendo reconhecidos como tradição de determinada sociedade.

No Japão atual, o teatro desempenha importante papel na cultura tradicional do país. Há grande variedade de estilos teatrais, mas alguns deles preservam até hoje características de centenas de anos atrás, como os estilos *nô* e o *kabuki*. Além de preservar a cultura e a memória da sociedade, esses estilos ainda são muito apreciados pelos japoneses.

O teatro *nô*

O *nô* é um dos estilos mais antigos e tradicionais do teatro japonês, originado por volta do século XII, com base em antigas formas de dança e de apresentações dramáticas. As peças eram direcionadas para a parcela mais rica da população japonesa.

Personagens como guerreiros, deuses e heróis fazem parte das narrativas do teatro *nô*, cujas histórias possuem poucos diálogos, tendo como base a música, as expressões corporais e o canto.

A estética do teatro *nô* é uma de suas características mais marcantes. O cenário costuma ser simples e empregar poucos elementos: uma passarela, um palco sem qualquer tipo de mobília e a imagem de um pinheiro ao fundo. O mesmo tipo de cenário é utilizado em todas as peças desse estilo. O protagonista, que é sempre o centro das narrativas, utiliza máscaras, que são trocadas durante o espetáculo conforme as mudanças de sentimentos da personagem.

Máscara utilizada em apresentações do teatro *nô*.

Apresentação de tetro *nô*, na cidade de Quioto, Japão. Foto de 2012.

106

O teatro *kabuki*

O *kabuki* foi criado no final do século XVI e é um estilo mais popular que o *nô*. A temática de suas peças geralmente está associada a problemas cotidianos das classes populares. Fazendo uso do humor, as narrativas do *kabuki* procuram ensinar lições de vida a seus espectadores.

As apresentações envolvem um ambiente de informalidade, já que é permitido ao público fazer refeições e até conversar durante o espetáculo.

Os atores do *kabuki* utilizam maquiagens coloridas, que procuram expressar diferentes tipos de personagens e sentimentos. Os cenários e os figurinos são extremamente elaborados, com a presença de diversos adornos e detalhes.

As apresentações costumam ser longas e divididas em momentos de dança, de canto e de representação de uma história. Uma orquestra, um coro e alguns dançarinos fazem parte do *kabuki*. O coro canta a história enquanto os atores a representam.

Apresentação de teatro *kabuki*, em Las Vegas, nos Estados Unidos. Foto de 2015.

1. Você já havia ouvido falar do teatro tradicional japonês? O que achou dos estilos teatrais apresentados nesta seção?
2. O que você entende sobre tradição? Elabore uma frase explicando com suas palavras esse valor e procure citar alguns exemplos.
3. Você considera importante preservar as tradições culturais? Por quê?
4. Em seu cotidiano, você já percebeu atitudes ou manifestações que têm como objetivo preservar alguma tradição cultural? Conte para os colegas.

Atividades

▌Organizando o conhecimento

1. Quais foram as influências de outros povos sobre os japoneses durante o chamado período Asuka?

2. Destaque os acontecimentos de cada período da história do Japão citados neste capítulo que mais chamaram sua atenção, justificando suas escolhas.

3. Explique quem eram os samurais, os xoguns e os *daimio*.

4. O que os princípios do xintoísmo recomendam?

5. Por que o zen-budismo se tornou popular no Japão?

▌Conectando ideias

6. O quimono é uma vestimenta tradicional no Japão. Ainda hoje, embora com menor frequência, é possível encontrar japoneses utilizando quimonos, principalmente em algumas cerimônias religiosas. **Leia** o texto a seguir, que aborda algumas características do quimono.

> São quatro os elementos que definem um quimono: o uso dos padrões geométricos de tecidos costurados com o mínimo corte para constituir a parte principal (mihaba); uma frente em que um lado sobrepõe ao outro (okumi), criando um efeito de "envelopamento"; uma gola em forma de faixa (eri); e mangas com uma largura proporcional à dos braços (sode).
>
> Hermano Silva. Sofisticação na moda. *História Viva:* Japão. São Paulo: Duetto, 2008. p. 75.

Japonesa vestindo quimono tradicional. Foto de 2016.

Com o quimono, são usados outros acessórios. Em seu caderno, **associe** as letras indicadas na imagem às legendas a seguir.

- ⓘ *Kosode* – peça de roupa que cobre grande parte do corpo.
- ⓘⓘ *Geta* – tamancos altos de madeira usados para andar nas ruas com lama.
- ⓘⓘⓘ *Haori* – casaco usado sobre o *kosode* para se proteger do frio.
- ⓘⓥ *Obi* – tira ou faixa amarrada na cintura.

Organizem-se em grupos e **pesquisem** sobre a vestimenta tradicional no Japão para verificar os tipos de quimonos encontrados na atualidade, seus usos no cotidiano e os acessórios utilizados por homens e mulheres.

7. O texto a seguir é um trecho de um antigo mito japonês que explica, entre outras questões, como surgiu o território do Japão e seus habitantes. **Leia-o** e depois responda às questões.

> [...]
> Conta a lenda que, antes de tudo, havia um céu muito azul salpicado de nuvens brancas onde viviam os deuses. Estes se pareciam com os homens, embora fossem mais poderosos, maiores, mais fortes, mais ligeiros e mais bonitos. Locomoviam-se como pássaros, voando sem a necessidade de colocar os pés no chão.
> Sobre o mar, não havia qualquer ilha e a terra propriamente dita ainda não existia. Num dia qualquer, os deuses tomaram a decisão de criar o mundo, confiando a execução da tarefa a dois jovens deuses: Izanagi e Izanami.
> [...] "Casem-se e seus descendentes serão os mais belos de todas as criaturas", teriam dito os deuses aos jovens que, então, partiram felizes.
> Ao chegar a um lugar muito bonito em forma de um imenso semicírculo — o arco íris — pararam na parte mais alta. Izanami levava consigo uma espada de ouro e com ela começou a remexer a água do mar imenso logo abaixo deles. E eis que ocorre um milagre: quando retira a espada do mar, a espuma que havia se grudado nela escorreu, voltando ao mar, solidificando-se ao atingir a água, formando então a terra. As duas divindades desceram para lá e, felizes, resolveram ficar.
> [...] Entre os filhos do casal estão as ilhas japonesas com seu solo, rochas, montanhas, rios, pinheiros, cerejeiras e seus habitantes, animais e seres humanos. [...]
>
> Célia Sakurai. *Os japoneses*. São Paulo: Contexto, 2014. p. 49-50.

a) Segundo o mito, o que existia no início de tudo?
b) Como eram os deuses? Quem foram os responsáveis pela criação da Terra?
c) De que maneira essa criação ocorreu?
d) Quem são os filhos de Izanagi e Izanami?
e) **Produza** um desenho para representar o trecho desse mito. Depois, **apresente-o** para os colegas e fale sobre os elementos que você escolheu representar.

Verificando rota

Quais temas desta unidade mais chamaram sua atenção? Faça um breve resumo dos capítulos e depois compare seu texto com o de um colega. O que vocês podem perceber de semelhanças e diferenças nos textos produzidos? Para finalizar, procure responder:
- Qual é a importância de estudarmos os temas desta unidade?
- Em sua opinião, foi importante conversar com seu colega sobre a unidade? Por quê?
- Sobre qual assunto você gostaria de aprofundar seus estudos? Justifique sua resposta.
- Em sua opinião, qual é a importância de conhecer a história de civilizações como a da China e a do Japão?
- Você consegue perceber características das culturas japonesa e chinesa inseridas na cultura brasileira?

Ampliando fronteiras

Livro: do papiro ao digital

Os livros nem sempre tiveram o formato que conhecemos atualmente. Há cerca de 2 mil anos, por exemplo, os livros dos antigos romanos eram escritos em rolos de papiro. Foi somente na Idade Média, na Europa, que foram confeccionados os primeiros livros encadernados, como conhecemos hoje. Eles podiam ser feitos de papiro, de pergaminho ou de papel, uma invenção chinesa do século II, introduzida na Europa por volta do ano 1000. Esses livros eram escritos e ilustrados à mão, um a um, e cada exemplar podia demorar meses, ou até mesmo anos, para ser produzido.

Na China, no século IX, foi desenvolvido um processo que facilitou a reprodução de livros. Naquela época, foram impressos os primeiros exemplares da obra *O sutra do diamante*, pela técnica de xilogravura. Essa técnica consiste em talhar em relevo uma peça de madeira com os caracteres que serão impressos na folha de papel, como um carimbo.

Já em 1041, os chineses passaram a entalhar os caracteres separadamente. Depois, com esses caracteres, eles montavam o texto que seria impresso. Esse é o princípio utilizado posteriormente por Johannes Gutenberg para criar sua prensa de tipos móveis, que revolucionou a impressão de livros no século XV.

Os livros e a revolução digital

Atualmente, os livros não estão mais apenas nas estantes, em seu formato tradicional em papel. Com a revolução tecnológica vivida nos séculos XX e XXI, foram surgindo outros meios de produção, de registro e de propagação do conhecimento. Entre essas inovações estão os livros digitais, os chamados *e-books*, que ganham cada vez mais popularidade entre os leitores. Os livros estão também na tela de computadores, nos *smartphones* e em outros dispositivos eletrônicos feitos especialmente para a leitura.

Papiro: planta cujas tiras do caule eram usadas para produzir um tipo de folha. O papiro também podia ser usado na fabricação de pequenas embarcações e na confecção de diversos objetos, como sandálias, cordas e redes.
Pergaminho: tipo de suporte para escrita feito com pele de animal, como cabra ou carneiro.

Waldomiro Neto

Por causa dessas mudanças e da velocidade com que elas ocorrem, há algum tempo existe um debate sobre o futuro do livro impresso. Alguns acreditam que o livro, como o conhecemos, será extinto. No entanto, há os que defendem que o livro no formato tradicional não vai acabar e irá coexistir com os livros digitais.

Os defensores do livro digital afirmam que ele democratizaria o acesso à leitura, pois sua produção é menos custosa, e que ele seria mais prático por economizar espaço e por poder ser acessado de qualquer parte do mundo. Entre os benefícios do livro digital também estaria a diminuição de danos ambientais, já que, teoricamente, a derrubada de árvores para a produção de papel seria reduzida.

Já os defensores do livro impresso afirmam que a leitura no papel é muito mais confortável e que ele é mais durável. Argumentam, ainda, que a extinção do livro impresso poderia resultar em um monopólio da informação, que poderia ser praticado por empresas da internet.

Argumentos à parte, o fato é que o livro continua sendo uma importante ferramenta para a transmissão de conhecimentos e para a preservação da cultura. Portanto, essa é uma discussão necessária e atual, que nos faz refletir sobre o presente — e, também, sobre como será nosso futuro.

> **Monopólio:** privilégio que uma empresa possui para controlar e explorar determinado serviço ou produto.

1. Com base na leitura do texto, explique qual é a relação entre a impressão de textos na China e o desenvolvimento da prensa de tipos móveis, de Gutenberg, na Europa.

2. Em sua opinião, qual será o destino do livro impresso e do livro digital? Você acredita que esses dois formatos podem conviver no futuro? Debata com os colegas, apresentando seus argumentos para toda a sala.

3. Forme uma dupla com um colega e façam a leitura de um texto impresso. Depois, leiam o mesmo texto em um suporte digital, como em um *tablet*, em um *smartphone* ou mesmo na tela de um computador. Em seguida, troquem ideias sobre essas leituras, procurando identificar as vantagens e as desvantagens de cada suporte. Por fim, registrem o que vocês descobriram por meio dessa experiência.

UNIDADE

5

A América antes dos europeus

Você sabia que, muito antes de os europeus chegarem ao continente americano, em 1492, o território já era habitado por diversos povos? Muitos deles chegaram a formar civilizações, cuja complexidade surpreendeu os europeus quando os primeiros contatos foram estabelecidos.

Ao longo dos séculos, houve enorme redução da população de indígenas da América, mas ainda há vários povos que lutam por seus direitos e pela preservação de sua cultura.

Agora vamos estudar...

- os povos que viviam na América antes do século XV: maias, astecas e incas;
- os povos indígenas que habitavam o Brasil antes da chegada dos portugueses;
- a diversidade cultural dos povos indígenas da América e o legado deixado por eles.

Construções feitas pelos maias no século XII, localizadas na península de Iucatã, no México. Foto de 2015.

Iniciando rota

1. Que tipo de construção está retratado na imagem? Com que material ela foi erguida? A utilização desse material foi importante para que essa construção resistisse até os dias atuais? Explique.

2. Você conhece alguma construção semelhante a essa? Que povo a construiu? Qual era a finalidade dela?

3. Em sua opinião, observar como são feitas construções como essa contribui para o estudo da História? Por quê?

113

CAPÍTULO 9
Povos da América

Como estudado no **6º** ano, a América começou a ser povoada há muito tempo, entre cerca de 11 mil e 50 mil anos. Diversos povos habitaram todo o continente ao longo do tempo, formando desde pequenos grupos e comunidades até sociedades bastante organizadas que chegaram a formar impérios. Veja no mapa os locais habitados por alguns desses povos.

Para conhecer esses povos, utilizamos vários tipos de fontes históricas, como os vestígios arqueológicos deixados por seus habitantes e também relatos de europeus, principalmente os que entraram em contato com o continente americano a partir do final do século XV.

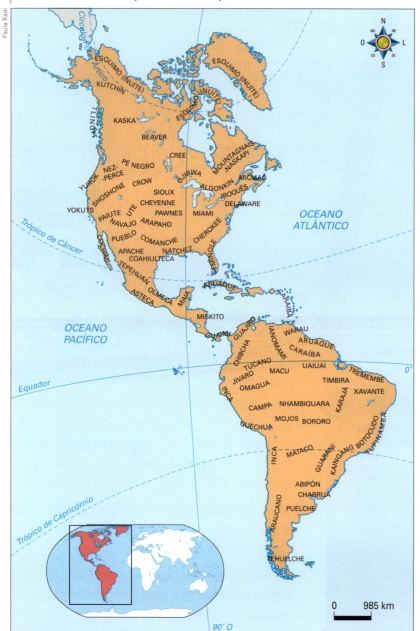

Foram os europeus que, na época, chamaram o continente de "América". Você já deve ter ouvido falar em "descobrimento" da América, não é mesmo? É comum as pessoas se referirem aos primeiros contatos entre os europeus e os povos nativos americanos como "descobrimento". De acordo com esse ponto de vista, Cristóvão Colombo teria descoberto a América em 1492 e Pedro Álvares Cabral teria descoberto o Brasil em 1500.

No entanto, como pode ser percebido por meio do mapa, não se tratava de um território vazio ou despovoado. Antes da chegada dos europeus, o continente já era habitado por diferentes povos, como os maias, os astecas e os incas.

Fonte: Gisele Girardi; Jussara Vaz Rosa. *Novo atlas geográfico do estudante*. São Paulo: FTD, 2005. p. 92.

114

Os maias

Entre os séculos III e X, uma importante civilização desenvolveu-se na Mesoamérica: a civilização maia. Essa civilização se estabeleceu na região onde hoje se situam países como Guatemala, Belize, Honduras, El Salvador e parte do México, na península de Iucatã.

Os maias organizaram uma complexa estrutura urbana, com mais de cinquenta cidades-Estado, que dispunham de centros cerimoniais onde se localizavam templos, moradias e prédios do governo. Essas cidades eram governadas por líderes com poder religioso, além do poder político e administrativo.

Os maias praticavam o comércio, até mesmo o de longa distância, e também a agricultura, com o cultivo de milho, batata, tomate, mandioca, feijão e frutas diversas. O cacau era um importante produto cultivado por eles e suas sementes eram utilizadas como moeda de troca em transações comerciais. A bebida à base de cacau (o *xocoatl*) era muito apreciada entre os membros da nobreza, como governantes e sacerdotes, além de ser usada como oferenda em rituais religiosos.

Eram praticadas, ainda, atividades relacionadas à realização de obras públicas, como a construção de templos e de estradas que compunham as cidades-Estado maias.

A cultura maia foi formada pela influência de diversos povos da Mesoamérica. Os **olmecas**, por exemplo, viveram em um período anterior aos maias, mas já construíam centros cerimoniais, praticavam o comércio e produziam esculturas.

Índio ou indígena

Os europeus chamaram os habitantes do território americano de "índios", pois acreditavam ter chegado ao Oriente, em uma região da Ásia que denominavam Índias. No entanto, esse termo não é adequado, pois, além de associar, erroneamente, um território ao outro, também deixa de considerar a variedade étnica e cultural dos povos americanos. Assim, o termo mais apropriado para se referir a esses povos é "indígena", que significa "nativo".

Mesoamérica: território que corresponde ao sul do México e a algumas partes da América Central.

Cidade-Estado: núcleo urbano ou cidade independente que tinha suas próprias leis, organização social e forma de governo.

Religiosidade

Os maias eram politeístas, ou seja, cultuavam diversos deuses, normalmente associados a elementos e fenômenos da natureza, como o dia e a noite, o Sol, a chuva, a fertilidade, entre outros.

Era comum que esses deuses fossem representados em objetos do cotidiano e em esculturas, como retrata a fotografia ao lado.

O relevo ao lado, produzido no século VIII, é uma representação de Kinich Ahau, o deus do Sol maia. Acervo do Museu Nacional de Antropologia, Cidade do México. Foto de 2013.

115

Tikal: a metrópole maia

A principal cidade maia era Tikal, na atual Guatemala, que chegou a ter mais de 40 mil habitantes em seu centro urbano. Observe a seguir a ilustração que representa os principais elementos dessa cidade na época do auge da civilização maia.

Centro cerimonial
As cidades constituíam-se em torno dos centros cerimoniais, onde ficavam os templos, os prédios do governo e as moradias das pessoas de origem nobre, como os membros das famílias reinantes, os sacerdotes, os guerreiros e os funcionários do Estado.
Em Tikal, as obras do centro cerimonial foram construídas entre os anos 600 e 800.

Esta ilustração é uma representação artística produzida com base em pesquisas históricas.

O declínio da civilização maia

Ao longo dos anos, a civilização maia passou por um processo de declínio, que teve início por volta do ano de 850. Entre as hipóteses formuladas por estudiosos para justificar o declínio dessa civilização estão catástrofes naturais, que poderiam ter sido responsáveis pela diminuição da colheita e pela escassez de alimentos; o aumento demográfico, que teria dificultado a produção de alimentos suficientes para a população, tendo em vista a existência de poucas terras férteis; e algumas invasões de outros povos, os quais passaram a predominar na região.

Dessa forma, aos poucos, os maias dispersaram-se e abandonaram as antigas cidades. Apesar do declínio dessa civilização, até os dias de hoje é possível encontrar descendentes dos maias em algumas regiões da Mesoamérica.

A escrita e o sistema numérico dos maias

Os maias criaram um complexo sistema de escrita, baseado em símbolos que representavam ideias e sons. Além da escrita, essa civilização elaborou um sistema de numeração que tinha como base o vinte (acredita-se que seja por causa da soma do número dos dedos das mãos e dos pés), e que incluía o zero para indicar um valor nulo.

Os conhecimentos desenvolvidos pelos maias possibilitaram a realização de diversos estudos astronômicos e também a criação de dois calendários, um deles referente aos rituais, com 260 dias, e outro solar, de 365 dias.

Jogo de bola

De origem olmeca, o jogo de bola era praticado pelos homens da nobreza maia, em áreas montadas (chamadas canchas) nos centros urbanos. Com o objetivo de manter a bola sempre em movimento, eles a lançavam para o campo da equipe rival, que só podia tocá-la com determinadas partes do corpo, excluindo as mãos e os pés. As regras podiam variar dependendo da cidade. Em alguns campos, havia também arcos por onde a bola deveria passar. Por ter valor simbólico, a atividade também fazia parte de rituais religiosos.

Os astecas

Os povos astecas habitavam a região onde atualmente está localizado o México, desde o início do século XIV. Eles migraram de regiões ao norte desse local e fixaram-se nas terras próximas ao lago Texcoco, onde fundaram a capital, **Tenochtitlán**.

Leia o trecho de um texto sobre uma lenda asteca que trata da fundação dessa capital.

> Segundo as lendas da tradição asteca, a escolha do local de fundação da cidade foi determinada por uma profecia do deus Colibri-Azul. Dizia o deus que os astecas receberiam um sinal quando encontrassem o local ideal para a fundação de sua cidade. O sinal esperado era uma águia pousada num cacto sobre uma rocha, trazendo em seu bico uma serpente, e teria sido encontrado no centro do lago Texcoco, onde fundaram Tenochtitlán — que quer dizer "rocha de cactos".
>
> Ana Maria Bergamin Neves e Flávia Ricca Humberg. *Os povos da América*: dos primeiros habitantes às primeiras civilizações. 4. ed. São Paulo: Atual, 1996. p. 64 (Coleção História Geral em Documentos).

Os códices são manuscritos, geralmente ilustrados, nos quais eram registrados diversos aspectos da vida na Mesoamérica. Eles são importantes fontes históricas sobre o cotidiano dos astecas. Acima, representação da águia pousada no cacto, sinal que fazia parte da lenda de fundação de Tenochtitlán. Pintura extraída do *Códice Mendoza*, de autoria desconhecida, escrito no século XVI.

A sociedade

Após se estabelecerem em Tenochtitlán, os astecas passaram por um período de grande expansão política e de fortalecimento militar.

Conhecidos por sua tradição guerreira, eles deram início à conquista de outros povos, os quais eram obrigados a pagar tributos e a fornecer-lhes trabalhadores.

Assim, os astecas formaram um império, com organização política e sociedade bem hierarquizada. Por exemplo, o *tlatoani* (governante) comandava com o auxílio do *cinacoatl* (cargo semelhante ao de um vice), geralmente um parente próximo.

Abaixo deles, hierarquicamente, estavam os nobres, compostos por guerreiros, sacerdotes e funcionários públicos. Em seguida, vinha a camada social constituída por comerciantes e artesãos, e depois, formando a maioria da população, os *maceualtin* (cidadãos comuns), que geralmente trabalhavam na agricultura, mas quando necessário eram obrigados a trabalhar em obras públicas ou como soldados em épocas de guerra.

Representação de governante asteca recebendo tributos. Gravura extraída do *Códice Florentino*, de Bernardino de Sahagún, escrito no século XVI.

O modo de vida asteca

Uma atividade fundamental para os povos astecas era a agricultura, para a qual desenvolveram técnicas que aperfeiçoaram a produção e facilitaram o cultivo de alimentos no território do Império.

Em Tenochtitlán, situada próximo a lagos e pântanos, eles elaboraram um sistema chamado *chinampa*, que consistia na construção de ilhas artificiais utilizadas como campos de cultivo.

A estrutura urbana e o comércio também se desenvolveram significativamente. Em grandes cidades, como Tenochtitlán, que chegou a ter cerca de 300 mil habitantes, existiam mercados com imensa variedade de produtos.

Representação de astecas construindo *chinampas*. Cópia de ilustração de um manuscrito do século XVI.

Os fenômenos da natureza e o tempo cíclico

Os astecas, assim como outros povos da Mesoamérica, também cultuavam diversos deuses, principalmente relacionados aos elementos e a fenômenos da natureza. Para agradar esses deuses e pedir boas colheitas, eles realizavam oferendas, que podiam até mesmo envolver rituais de sacrifício humano.

A concepção de mundo deles era cíclica, ou seja, os astecas acreditavam que o tempo era dividido em eras que se renovavam após determinado período.

A arte e a arquitetura tiveram intenso desenvolvimento na civilização asteca. Exemplo disso são as pirâmides, grandiosas construções erguidas em locais determinados de acordo com a orientação dos astros e que simbolizavam a busca por alcançar o divino. A ilustração acima, de autoria desconhecida, é uma representação feita no século XX do Templo Mayor, conjunto de pirâmides de Tenochtitlán.

Os incas

Os incas formaram um império na região da cordilheira dos Andes, onde atualmente se localiza partes do Equador, do Peru, da Bolívia, do Chile e da Argentina. A partir do século XIII, eles passaram a dominar os povos que viviam na região por meio de acordos e da imposição de pagamento de tributos.

O sistema de governo inca era centralizado nas mãos de um imperador, que assumia o título divino de "filho do Sol". A sede do Império situava-se na cidade de Cusco, no atual Peru.

Quanto às crenças, além de cultuarem divindades relacionadas à natureza, os incas reverenciavam um deus criador, chamado Viracocha.

Ruínas da cidade inca de Machu Picchu, atual Peru, em foto de 2015.

Cordilheira dos Andes: cadeia de montanhas localizada no oeste da América do Sul.

Os incas desenvolveram diversas técnicas de construção e até hoje a estrutura de suas edificações surpreende os estudiosos. Suas construções eram, na maioria das vezes, feitas com rochas encaixadas perfeitamente entre si e suportavam os tremores de terra frequentes na região. Acima, vemos uma muralha construída por esse povo perto da cidade de Cusco, antiga capital do Império Inca. Foto de 2014.

Os mensageiros incas

Para manter a organização do Império, os incas tinham um sistema de comunicação que empregava mensageiros treinados, chamados **chasquis**, que ficavam espalhados pela região andina separados uns dos outros por uma distância de cerca de 20 km.

Cada chasqui corria do posto onde se encontrava até o posto seguinte para a transmissão da mensagem, até que ela chegasse a seu destino. Era um eficiente sistema de comunicação, com as mensagens chegando a percorrer muitos quilômetros em apenas um dia.

A vida nos Andes

Na agricultura inca, o principal produto de cultivo era a batata, mas eram cultivados também milho, quinoa, batata-doce, abacate, feijão, tomate, vagem, algodão, entre outros. Como o relevo da região andina é bastante acidentado, os incas desenvolveram terraços nas cordilheiras, que formavam superfícies planas para o plantio.

Dedicavam-se também à atividade pastoril, com a criação de alpaca e lhama, que, além de fornecer leite, lã e carne, serviam como meio de transporte de cargas.

Os incas não desenvolveram formas de escrita, como os maias e os astecas. No entanto, criaram um sistema de registro de quantidades numéricas denominado **quipo**. Os quipos eram artefatos com cores e tamanhos variados, que apresentavam nós simbolizando valores unitários ou dezenas. Assim, eles podiam organizar a produção agrícola, registrar aspectos demográficos e até controlar os tributos.

Ilustração que representa um quipo. Utilizando uma combinação de cores e nós, os incas registravam uma enorme quantidade de informações.

Alpaca: mamífero camelídeo de pelagem longa.
Lhama: mamífero camelídeo, maior que a alpaca, muito usado no transporte de cargas.

A cultura peruana atual apresenta diversas contribuições da civilização inca. O festival Inti Raymi, em homenagem ao deus do Sol, é realizado desde os tempos pré-coloniais, isto é, que antecederam a chegada dos europeus em 1492. Todos os anos, no dia 24 de junho, o festival reúne centenas de pessoas nas proximidades da cidade de Cusco, no Peru. Foto de 2012.

+Saiba mais

O cultivo do milho na América

Muitos alimentos da culinária brasileira são originários do próprio continente americano, como a batata, a mandioca e o milho.

O milho, proveniente da América Central, começou a ser cultivado há milhares de anos pelos povos que viviam na região. Ao longo do tempo, esse cultivo se difundiu e passou a ser a base da alimentação das civilizações indígenas, tendo, portanto, grande importância no continente americano.

Além disso, o cereal tinha um significado importante para esses povos, especialmente para os maias, como veremos a seguir.

Representação de astecas estocando milho. Gravura extraída do *Códice Florentino*, de Bernardino de Sahagún, escrito no século XVI.

Deuses e rituais

O milho não só era usado na alimentação como também fazia parte dos rituais de alguns povos da América pré-colonial. Entre os maias, as espigas eram ofertadas ao deus Yum Kaax para que a colheita fosse bem-sucedida.

Segundo a mitologia maia e sua narrativa tradicional de criação do mundo (encontrada no documento denominado *Popol Vuh*), o ser humano teria sido criado do milho.

Escultura em pedra feita no século VIII que representa uma divindade maia protetora do milho. Acervo do Museu Nacional de Arqueologia e Etnologia, Cidade da Guatemala. Foto de 2014.

> O milho na atualidade

Atualmente, o milho serve, em várias partes do mundo, de matéria-prima para uma diversidade de produtos industrializados, como óleos e amido. Ele também é usado no preparo de ração para animais de grande e pequeno porte, como bois e aves. Contudo, é na culinária que o milho exerce papel de destaque, principalmente na América. Provavelmente, você já experimentou algum prato feito à base desse cereal ou já comeu o próprio milho cozido.

Conheça a seguir alguns exemplos de pratos típicos de países americanos preparados com milho.

Agricultora peruana durante o plantio do milho em Chinchero, no Peru. Foto de 2013.

A *tortilla* é um prato típico mexicano feito com milho, que faz parte da alimentação de grande parte da população latino-americana. Na foto, uma equatoriana prepara *tortillas* em uma feira na cidade de Quito, no Equador. Foto de 2013.

No Peru, o milho de cor roxa é usado na produção de uma bebida típica do país, a *chicha morada*. Nessa receita, o milho é fervido com frutas e especiarias para depois ser adoçado e servido bem gelado. Foto de 2016.

123

Atividades

Organizando o conhecimento

1. Por que o termo "índio" não é o mais adequado para se referir aos povos do continente americano?

2. Quais eram as principais atividades produtivas dos maias?

3. Como era organizada a sociedade asteca? Explique.

4. O que eram os quipos? Qual era a função deles?

Conectando ideias

5. A Pedra do Sol é um artefato asteca que, além de representar o calendário seguido por esse povo, mostra uma de suas divindades. Com mais de 3 metros de diâmetro e cerca de 20 toneladas, a Pedra foi encontrada em uma escavação arqueológica no século XVIII. **Observe** a foto abaixo, **leia** as informações apresentadas e depois responda às questões.

Museo Nacional de Antropología, Cidade do México (México). Fotografia: posztos/Shutterstock.com/ID/BR

Segundo a maioria dos estudiosos, a figura no meio representa o deus do Sol, cultuado pelos astecas.

Essa faixa circular, formada por pequenos símbolos, representa os vinte dias que compunham o mês dos astecas.

Os astecas viviam na chamada quinta era, ou ciclo. Esses quatro blocos centrais da Pedra do Sol simbolizam os quatro ciclos já encerrados.

Pedra do Sol asteca, produzida no século XV. Esse artefato é um registro da crença asteca relacionada à contagem do tempo. Acervo do Museu Nacional de Antropologia, Cidade do México. Foto de 2015.

a) Quais eram as características dos deuses cultuados pelos astecas? Existe alguma semelhança com as crenças de outras populações que habitaram as Américas?

b) Como era a crença asteca em relação à contagem do tempo? Que partes da Pedra do Sol nos auxiliam a compreender essa característica?

6. Na cidade de Bonampak, no século IX, os antigos maias produziram uma série de murais que constituem importantes fontes históricas dessa civilização. **Analise** abaixo duas cenas representadas nesses murais.

Reprodução de afresco maia do século IX, encontrado na cidade de Bonampak, atual México, representando músicos em uma cerimônia.

Afresco maia do século IX, encontrado na cidade de Bonampak, atual México, representando súditos reverenciando seu sacerdote.

a) **Copie** no caderno as frases a seguir, **corrigindo** as que estão incorretas.
- A imagem **1** mostra a hierarquia da sociedade maia. Podemos perceber isso pela diferença nas vestes e na função das pessoas e do sacerdote.
- O sacerdote foi representado na imagem **2**, participando de um ritual.
- Os maias não utilizavam adereços nem instrumentos musicais em suas cerimônias.
- Além de figuras, os murais apresentavam inscrições características da escrita maia.

b) Em grupos, **pesquisem** na internet mais informações sobre os murais de Bonampak. Depois, **elabore** cartazes com desenhos, imagens e pequenos textos explicando como era a técnica de produção dos murais, sobre quais temas eles tratam, qual sua importância histórica, etc.

CAPÍTULO 10

Os nativos do Brasil

Quando os primeiros portugueses desembarcaram no território onde atualmente é o Brasil, havia entre 2 milhões e 4 milhões de indígenas vivendo na região. Observe o mapa.

Fonte: Leslie Bethell (Coord.). *História da América Latina*, v. 1. São Paulo: Edusp; Brasília: Fundação Alexandre Gusmão, 2004-2005. p. 103.

Homogêneo: nesse sentido, que apresentam características e aspectos culturais iguais.

Uma diversidade de povos

Os indígenas que viviam onde hoje é o Brasil não formavam um grupo homogêneo, pois a organização social, as crenças, os costumes e o modo de vida deles eram bastante diversificados.

Essa diversidade de povos indígenas mostra-se também na variedade de línguas. Na época da chegada dos portugueses, em 1500, estima-se que havia quase mil línguas faladas entre os nativos.

> Atualmente, muitas palavras de origem indígena fazem parte de nosso vocabulário e são usadas em nosso dia a dia. Você conhece algum exemplo? Converse com os colegas.

Apesar de terem passado por grandes mudanças ao longo dos séculos, atualmente os indígenas estão espalhados por todo o território brasileiro e preservam diversos elementos da cultura de seus antepassados.

Veja a seguir representações de alguns dos povos nativos que viviam no Brasil, feitas no século XIX por viajantes europeus.

Os Munduruku habitavam a região ao norte do território, próxima ao vale do rio Tapajós. Por causa de sua tradição guerreira, eles costumavam realizar expedições para combater povos inimigos. Gravura feita pelo artista francês Hercule Florence, em 1828.

Os Bororo ocupavam territórios da atual Região Centro-Oeste e tinham uma organização social bastante complexa. O cotidiano deles era marcado por muitos rituais, como os de nominação (quando uma criança é introduzida formalmente na sociedade) e os funerais. Gravura feita por Hercule Florence, em 1827.

Os Krenak viviam no litoral, ao norte do território. Eles utilizavam adornos de madeira, os botoques, por isso eram chamados de botocudos pelos portugueses. Eram conhecidos pela agilidade na caça e na atividade guerreira. Gravura em cobre feita por Giulio Ferrario, em 1842.

As representações dos indígenas

A maioria das fontes históricas que nos permitem estudar as sociedades indígenas que viviam, no século XVI, no território onde hoje é o Brasil foi produzida por europeus. Portanto, ao analisarmos os relatos de viagens, os desenhos e as pinturas, devemos considerar que esses documentos mostram a visão europeia sobre os indígenas, e que esses povos, muitas vezes, estão representados de maneira superficial e até preconceituosa.

Os indígenas e a divisão do trabalho

Para garantir o sustento e o bom funcionamento da comunidade, os indígenas costumavam distribuir as tarefas cotidianas entre seus integrantes. O trabalho geralmente era dividido de acordo com o sexo e a idade. Mesmo não sendo igual para todos os povos, a divisão de tarefas entre homens e mulheres ainda é bastante comum hoje em diversas comunidades.

Observe a ilustração a seguir, que representa uma aldeia bororo.

Os homens preparavam a terra para o plantio, caçavam e pescavam.

As mulheres desempenhavam atividades como coleta, plantio e colheita, além de cozinhar e de cuidar das crianças.

Quando necessário, os homens fabricavam canoas.

Esta ilustração é uma representação artística produzida com base em pesquisas históricas.

O seminomadismo

Antes da chegada dos portugueses, os povos indígenas que viviam nas terras onde hoje é o Brasil desenvolveram diferentes formas de organização. Muitos deles viviam em aldeias, pequenas povoações lideradas por um chefe, formando grupos **seminômades**. Os indígenas seminômades deslocavam-se de forma sazonal, geralmente quando os recursos naturais do lugar onde estavam se tornavam insuficientes. Quando isso acontecia, eles se mudavam para um novo local onde pudessem caçar, pescar, coletar frutos e raízes, além de cultivar pequenas áreas de plantio.

> **Sazonal:** referente a determinada época ou período do ano.

Era responsabilidade dos homens guerrear contra os povos inimigos e construir habitações.

As mulheres realizavam preparativos para as festas e rituais da comunidade, como a pintura corporal.

Com as mulheres, crianças e idosos podiam fabricar utensílios artesanais, como potes de cerâmica e cestos feitos de palha.

Uma das atividades preferidas das crianças era brincar no rio.

> Há algum aspecto do modo de vida indígena parecido com o seu e de sua família?

Valores em ação

Respeito aos indígenas

Você já soube de algum caso de desrespeito aos povos indígenas? Algumas vezes temos acesso a notícias que envolvem situações de desrespeito a indígenas, e uma das causas disso é a dificuldade que algumas pessoas têm de reconhecer culturas diferentes das delas. Essa dificuldade de compreender o outro considerando apenas sua própria cultura recebe o nome de etnocentrismo. Para saber um pouco sobre esse assunto, leia o texto a seguir, da professora Urpi Montoya Uriarte.

> Para o etnocentrismo, tudo o que é diferente se torna inferior, feio, ridículo, injusto, cruel, selvagem ou irracional. Ao julgar as distinções de forma negativa, o etnocêntrico passa a querer modificar os costumes ou crenças diferentes, em nome da superioridade dos seus próprios costumes ou crenças. Dito de outra forma: ser etnocêntrico é acreditar que só existe uma verdade (a nossa) e uma beleza (a nossa), assim como também só existem a nossa justiça e a nossa racionalidade. Em *O que é etnocentrismo*, o antropólogo Everardo Rocha escreve: "Etnocentrismo é uma visão do mundo onde o nosso próprio grupo é tomado como centro de tudo e todos os outros são pensados e sentidos através dos nossos valores, nossos modelos, nossas definições do que é a existência".

Urpi Montoya Uriarte. Euro, etno e outros centrismos. *Revista de História.* Disponível em: <www.revistadehistoria.com.br/secao/educacao/euro-etno-e-outros-centrismos>. Acesso em: 29 jun. 2016.

Criança ianomâmi na aldeia Alabussy, no município de Barcelos (AM), em 2010.

Uma atitude etnocêntrica, portanto, é uma falta de respeito à outra cultura. Isso desencadeia atitudes preconceituosas que podem gerar consequências graves para a sociedade. Existem muitos povos no mundo, com diferentes modos de vida, hábitos, costumes e valores, que devem ser reconhecidos com suas características específicas. Assim como queremos que todos respeitem nossa forma de viver e de pensar, devemos respeitar também a cultura de outras pessoas, de outros grupos ou de outras comunidades.

Há grande diversidade cultural entre os povos indígenas que habitam o território brasileiro, e muitos dos seus costumes diferem, por exemplo, do modo de vida dos portugueses e europeus. Tradicionalmente, os indígenas costumam trabalhar para sua sobrevivência e não para acumular bens e riquezas. Para eles, viver de maneira harmoniosa com a natureza, preservando-a, e sem extrair dela mais recursos do que o necessário para seu próprio sustento, é uma forma de garantir a subsistência de seus descendentes. Dessa maneira, segundo as culturas indígenas, a terra continuará fornecendo alimentos às próximas gerações.

Para vivermos em um país mais justo e próspero, é importante conhecermos e respeitarmos a cultura dos primeiros povos que habitaram esse território. Afinal, são múltiplas as contribuições indígenas na formação do povo brasileiro, ao longo da nossa história, assim como em diversos aspectos culturais que podem ser observados ainda hoje, como no vocabulário, na culinária, na música e em outros costumes. Portanto, é possível observarmos as contribuições de variados povos na cultura brasileira, evitando interpretações etnocêntricas.

Indígenas da etnia Waurá trabalham coletivamente na construção de uma moradia na aldeia Piyulaga, no Parque Indígena do Xingu (MT). Foto de 2013.

1. Explique o que você entendeu por etnocentrismo.

2. Em sua opinião, é importante respeitar os povos indígenas e outros povos em sua diversidade cultural? Por quê?

3. Com um colega de sala, converse sobre a importância do combate ao preconceito e ao desrespeito contra povos indígenas no Brasil, assim como de que maneira isso pode ser feito. Depois, produzam um breve texto sobre o que vocês conversaram.

131

Atividades

Organizando o conhecimento

1. Como é possível perceber a diversidade de povos indígenas que viviam, na época da chegada dos portugueses, no território que hoje forma o Brasil? Dê exemplos de aspectos da vida desses povos em que essas diferenças se manifestavam.

2. Analise a ilustração das páginas **128** e **129**. Que aspecto do modo de vida dos Bororo mais chamou sua atenção? Por quê?

3. Explique como costumava ser organizada a divisão de trabalho entre homens e mulheres indígenas na época da chegada dos portugueses.

Conectando ideias

4. Os povos indígenas expressam sua cultura por meio da música, do canto, da pintura corporal e também pelo modo de produzir seus artefatos e de construir suas habitações. Uma dessas expressões é a arte plumária, que se caracteriza pela utilização de penas de aves para produzir artefatos religiosos, de uso cotidiano e adornos. Os enfeites corporais feitos de pena são muito usados em festas e cerimônias. **Analise** a imagem a seguir.

Indígenas Kamayurá participam do *Quarup*, festa ritual em homenagem aos antepassados. Parque Indígena do Xingu (MT). Foto de 2011.

a) **Descreva** a foto acima. Você consegue identificar o que as pessoas retratadas estão fazendo?

b) Como são os adornos corporais usados pelas pessoas dessa comunidade?

c) Você conhece outros adornos semelhantes aos que foram retratados na foto? Caso conheça, descreva esse adorno, conte quem ou que grupo o utiliza e com qual finalidade.

5. Atualmente, existem cerca de 240 povos indígenas habitando o território brasileiro. Você sabe se na sua cidade ou na região onde você vive existe alguma comunidade indígena? Com a ajuda de seus pais ou responsáveis, **pesquise** para responder a esse questionamento e para conhecer os seguintes aspectos:

- o nome do povo e onde se localiza;
- as características da habitação;
- as atividades cotidianas praticadas por seus integrantes;
- o que costumam fazer nos momentos de lazer;
- rituais e tradições presentes no cotidiano desse povo;
- costumes da sociedade não indígena incorporados por eles em sua cultura.

Após o levantamento, **reúna** essas informações e leve-as para a sala de aula. Conte para os colegas o que você descobriu e o que mais chamou sua atenção sobre o modo de vida indígena pesquisado.

6. (PUC-SP)

> O Brasil é uma criação recente. Antes da chegada dos europeus (...) essas terras imensas que formam nosso país tiveram sua própria história, construída ao longo de muitos séculos, de muitos milhares de anos. Uma história que a Arqueologia começou a desvendar apenas nos últimos anos.
>
> Norberto Luiz Guarinello. *Os primeiros habitantes do Brasil.*
> A arqueologia pré-histórica no Brasil. 15. ed. São Paulo: Atual, 2009. p. 6.

O texto acima afirma que

a) o Brasil existe há milênios, embora só tenham surgido civilizações evoluídas em seu território após a chegada dos europeus.

b) a história do que hoje chamamos Brasil começou muito antes da chegada dos europeus e conta com a contribuição de muitos povos que aqui viveram.

c) as terras que pertencem atualmente ao Brasil são excessivamente grandes, o que torna impossível estudar sua história ao longo dos tempos.

d) a Arqueologia se dedicou, nos últimos anos, a pesquisar o passado colonial brasileiro e seu vínculo com a Europa.

e) os povos indígenas que ocupavam o Brasil antes da chegada dos europeus foram dizimados pelos conquistadores portugueses.

Verificando rota

Quais temas desta unidade mais chamaram sua atenção? Faça um resumo dos capítulos estudados e depois compare seu texto com o de um colega. Quais são as semelhanças entre os textos que vocês produziram? E quais são as diferenças? Para finalizar, procure responder:

- Qual é a importância de estudar os temas desta unidade?
- Foi interessante conversar com seu colega sobre a unidade? Por quê?
- Sobre qual assunto você gostaria de aprofundar seus estudos? Por quê?
- Em sua opinião, qual é a importância de conhecer a história dos povos que viveram na América antes da chegada dos europeus?
- Você consegue perceber características culturais dos povos indígenas presentes em nosso dia a dia?

Ampliando fronteiras

A pintura corporal indígena

A pintura corporal tem valor simbólico bastante significativo para muitos povos indígenas do Brasil, pois expressa as crenças e o modo de vida deles.

Essa manifestação pode ter diversas funções, como caracterizar determinada comunidade; identificar a posição de um indivíduo em um grupo; indicar estados de espírito, como o luto; integrar rituais e celebrações, como a passagem da infância para a adolescência ou o casamento; entre outras.

Cada comunidade possui seus próprios padrões de traços, conhecidos como grafismos, desenvolvidos ao longo do tempo. Esses grafismos também são desenhados em peças produzidas por esses povos, como cerâmicas e cestas. Cada grupo indígena possui uma visão sobre o que é belo e procura manifestá-la em seus grafismos.

É interessante notar que não são apenas os traços que determinam o que se expressa na pintura. Outros fatores influenciam a mensagem a ser transmitida: por exemplo, quem carrega essa pintura – crianças, homens ou mulheres –, em que parte do corpo ela se localiza, as cores usadas para pintar, etc.

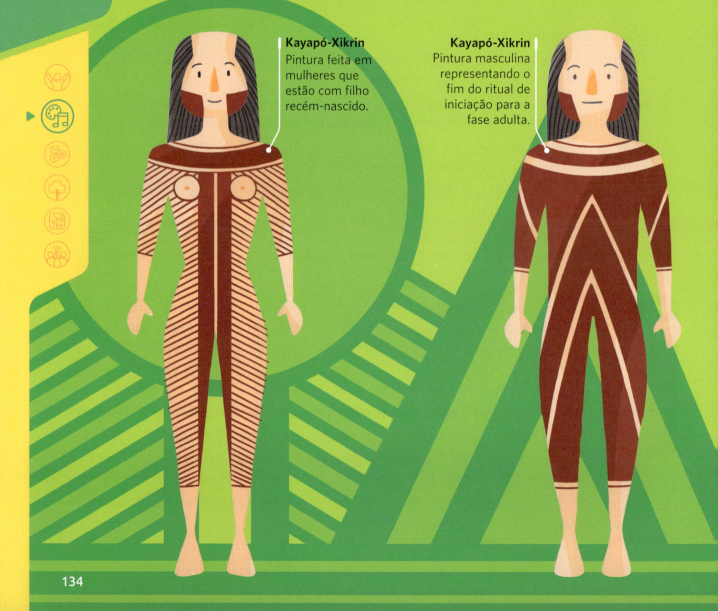

Kayapó-Xikrin
Pintura feita em mulheres que estão com filho recém-nascido.

Kayapó-Xikrin
Pintura masculina representando o fim do ritual de iniciação para a fase adulta.

134

O corpo como forma de expressão

Atualmente, nas sociedades ocidentais, o corpo também é usado, de diversas formas, como meio de expressão de pensamentos, de valores e de crenças, por exemplo, por intermédio da tatuagem.

Muitas vezes, as tatuagens representam uma particularidade pessoal, ou seja, as vivências, as experiências e os gostos individuais. Mas, em algumas situações, elas também podem expressar valores coletivos: seguem padrões de beleza, tendências da moda ou, ainda, servem como sinais particulares de pequenos grupos sociais.

1. Qual é a importância da pintura corporal para os povos indígenas do Brasil?

2. Forme dupla com um colega e pesquisem sobre algum povo indígena que faz pinturas corporais, atentando para as formas dos desenhos e para as cores utilizadas. Providenciem tintas não tóxicas laváveis nas cores características da etnia escolhida e pinte algumas partes do corpo de seu colega, como o rosto e os braços, de acordo com os padrões gráficos desse povo. Seu colega deve fazer o mesmo em você. Sigam as orientações do professor e, assim que finalizarem as pinturas corporais, apresentem-nas em sala de aula para os colegas e comentem o significado que elas têm para o povo indígena que as utilizam.

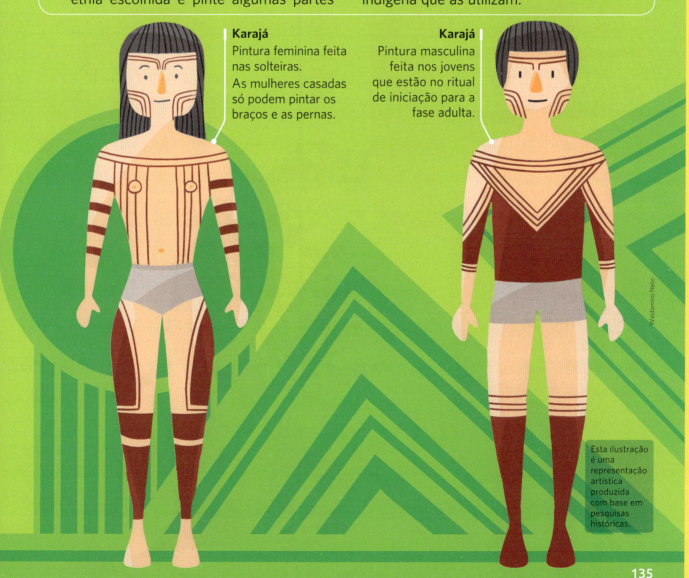

Karajá
Pintura feminina feita nas solteiras.
As mulheres casadas só podem pintar os braços e as pernas.

Karajá
Pintura masculina feita nos jovens que estão no ritual de iniciação para a fase adulta.

Esta ilustração é uma representação artística produzida com base em pesquisas históricas.

UNIDADE

6

A Europa Moderna

Ao longo dos séculos XIV e XVII, ocorreram diversas mudanças políticas, econômicas e sociais que influenciaram o modo de vida das sociedades ocidentais.

Transformações nos campos da filosofia, das artes e da religião foram tão importantes nessa época que marcaram o início de um novo período histórico chamado Idade Moderna.

Conhecer como ocorreram essas transformações nos ajuda a compreender diversas questões que fazem parte de nosso cotidiano atualmente.

Agora vamos estudar...
- o Renascimento europeu;
- a expansão marítima europeia;
- as reformas religiosas;
- a reação da Igreja católica às reformas.

Detalhe do *Planisfério de Cantino*, de 1502, mapa português de autoria desconhecida, representando as descobertas do Novo Mundo.

Iniciando rota

1. Quando foi produzido o mapa apresentado? Que continentes você consegue identificar nele?

2. Como você acha que foi possível ao cartógrafo ter conhecimento desses territórios para produzir esse mapa?

3. Atualmente, que recursos podemos utilizar para nos orientar no espaço? Você os utiliza em seu cotidiano? Como?

CAPÍTULO 11

O Renascimento europeu

Como vimos na unidade 1 deste livro, durante a Idade Média na Europa, a Igreja católica exercia forte influência sobre a sociedade, sobre seus valores e sobre suas crenças. Muitos aspectos da vida, e também da morte, eram explicados de acordo com a religião cristã.

Uma época de transição

Na passagem do século XIV para o XV, teve início, na Europa, uma época de mudanças econômicas, políticas e sociais que influenciaram o modo de se pensar a sociedade, a cultura e a religiosidade.

Muitos cientistas, intelectuais e artistas que viveram nessa época, conhecidos como **renascentistas**, empenharam-se em retomar modelos e valores da cultura grega e romana da Antiguidade.

Dessa forma, os renascentistas acreditavam romper com o período anterior (que eles passaram a chamar Idade Média), inaugurando o período que ficaria conhecido, com o decorrer do tempo, como **Renascimento** ou **Renascença**. Esse movimento era caracterizado por uma maior preocupação com a vida e com os assuntos terrenos, pela valorização do ser humano e de suas capacidades individuais.

As esculturas renascentistas passaram a valorizar mais os detalhes e os traços realistas. Ao lado, *Pietá*, escultura em mármore feita entre os anos de 1498 e 1499 pelo artista italiano Michelangelo Buonarroti (1475-1564), que representa Jesus nos braços de sua mãe, Maria. Acervo da basílica de São Pedro, no Vaticano. Foto de 2016.

A Igreja em crise

Durante o período da Idade Média, a Igreja católica era a instituição mais poderosa da Europa. A partir da Baixa Idade Média (séculos XI a XV), esse poder passou a ser questionado por diversos grupos da sociedade, como governantes e filósofos, que criticavam os membros do clero sobre práticas de corrupção e enriquecimento próprio.

Essa postura crítica contribuiu para que os diversos intelectuais passassem a buscar referências e valores das civilizações da Antiguidade, como os gregos e os romanos, favorecendo o surgimento do Renascimento na Europa. Veja mais informações sobre as críticas à Igreja católica da página **156** em diante.

A sociedade

Desde o final da Baixa Idade Média, no século XV, a camada social da burguesia crescia e tornava-se cada vez mais influente na sociedade europeia.

Na Itália, entre os séculos XV e XVI, essa camada social, formada principalmente por mercadores enriquecidos, consolidou-se e passou a desempenhar importante papel nas cidades-Estado, contribuindo para difundir a mentalidade renascentista. Além disso, as permanências de algumas características da cultura romana clássica, presentes na arquitetura, na organização urbana e na produção intelectual, constituíram outro fator para que o Renascimento se consolidasse na Itália.

O texto a seguir trata da relação entre a burguesia e o Renascimento.

> A sociedade renascentista caracterizou-se por uma crescente perspectiva secular. Fascinados pela vida da cidade e ansiosos para desfrutar os prazeres terrenos que seu dinheiro podia obter, os mercadores e banqueiros ricos se afastaram da preocupação medieval com a salvação. Não que fossem descrentes ou ateus, mas cada vez mais a religião tinha de competir com as ocupações mundanas. Consequentemente, os membros da classe alta urbana davam menos atenção à religião ou, pelo menos, não permitiam que ela interferisse em sua busca de uma vida plena. O desafio e o prazer de viver bem neste mundo pareciam mais excitantes do que a promessa do paraíso. [...]
>
> Marvin Perry. *Civilização ocidental*: uma história concisa. Trad. Waltensir Dutra; Silvana Vieira. São Paulo: Martins Fontes, 2002. p. 220.

Secular: algo mundano, que não está relacionado à religião.

> "O desafio e o prazer de viver bem neste mundo pareciam mais excitantes do que a promessa do paraíso." O que o autor quis dizer com essa afirmação?

A vida dos pobres

No entanto, o Renascimento não significou um rompimento completo da sociedade europeia com o período anterior, principalmente para grande parte da população que habitava as áreas rurais e continuava com a árdua rotina de trabalho. O cotidiano dessas pessoas ainda era profundamente marcado pelos valores religiosos, pela pobreza, pela fome e pelas doenças.

Óleo sobre tela produzido em 1567 por Peter Bruegel (1525-1569), intitulado *O país da Cocanha*. Obra exposta na Antiga Pinacoteca, em Munique, Alemanha. Cocanha era um país mitológico presente no imaginário dos pobres e miseráveis na Europa desde o século XIII. Esse lugar, livre de doenças, onde havia luxo e comida em abundância, ainda representava os desejos dos pobres durante o Renascimento. Foto de 2015.

A visão de mundo renascentista

Nos séculos XIV e XV, ganhou força na Europa a ideia de que os indivíduos deveriam se preocupar menos com o que poderia ocorrer depois da morte, direcionando, assim, o pensamento para tudo o que se referisse à vida e ao mundo em que viviam. Essa maneira de pensar valorizava o desenvolvimento de talentos individuais e do conhecimento crítico sobre o próprio ser humano.

Com base nessa nova perspectiva, foi formado o movimento denominado **humanismo**. Os humanistas, como eram chamados os seguidores desse movimento, acreditavam no potencial humano para criar e inovar, e entendiam a realidade por meio de um ponto de vista firmado na crítica e na racionalidade, ou seja, na valorização da razão humana como base para o conhecimento. Assim, acreditava-se que tudo poderia ser explicado pela observação e pela experiência. Essa nova corrente de pensamento colocava o ser humano em destaque, em uma visão antropocêntrica, fundamental para o Renascimento.

O Renascimento científico

O pensamento humanista de valorização da razão e da individualidade proporcionou o desenvolvimento de diversas áreas do conhecimento. Os renascentistas incentivaram a criação de universidades laicas onde se realizavam estudos de Filosofia, Matemática, História, Geografia, Literatura, Medicina, entre outras áreas.

Foi nesse contexto que, entre a elite intelectual europeia, se tornou cada vez mais relevante o conceito de "ser humano universal", ou seja, o indivíduo capaz de dominar as mais diversas técnicas e os mais diversos campos do conhecimento.

Um dos exemplos desses intelectuais foi o italiano **Leonardo da Vinci** (1452- -1519), inventor, engenheiro, arquiteto, matemático, pintor e escultor.

Os vários estudos científicos realizados durante o Renascimento contribuíram para o desenvolvimento da cartografia, das técnicas de navegação e também para o desenvolvimento do realismo e da perspectiva na pintura.

Veja a representação a seguir, feita por Leonardo da Vinci, que mostra um de seus estudos.

Autorretrato produzido por Leonardo da Vinci, em cerca de 1515.

> **Antropocentrismo:** forma de pensamento que atribui ao ser humano a posição central em relação ao restante do mundo. Essa teoria surgiu em oposição ao teocentrismo, que considerava Deus como centro de todas as coisas.

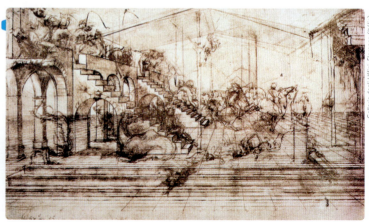

Estudo de perspectiva para a Adoração dos Magos, pena e tinta sobre papel, de Leonardo da Vinci, feito no século XV. Esse estudo mostra a técnica de perspectiva baseada em cálculos matemáticos e geométricos. Com essa técnica, o observador tem noção de profundidade na cena.

No campo da astronomia, o polonês **Nicolau Copérnico** (1473-1543) criou a teoria heliocêntrica, segundo a qual o Sol era o centro do Sistema Planetário e a Terra e outros planetas giravam em torno dele.

Essa teoria contrariava a teoria geocêntrica, elaborada pelo filósofo grego Ptolomeu e defendida pela Igreja católica, a qual dizia que a Terra era o centro do Universo.

Durante o Renascimento, os estudos baseados na observação da natureza e em experimentos permitiram novas maneiras de explicar o mundo.

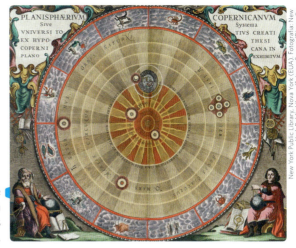

Ao lado, representação do sistema cosmológico de Copérnico, em que o Sol ocupa o centro do Sistema Planetário. Ilustração feita por Andreas Cellarius (1596-1665), publicada em um atlas de 1660.

Muitos avanços foram feitos no campo da medicina, com estudos sobre a anatomia humana realizados pelo médico belga **Andreas Vesalius** (1514-1564). Em sua obra *De Humani Corporis Fabrica* (que, traduzida do latim, significa *Da Organização do Corpo Humano*), publicada em 1543, Vesalius representou e descreveu com grande riqueza de detalhes diversos elementos do corpo humano, como os músculos, o coração, os vasos sanguíneos, o sistema nervoso, entre outros.

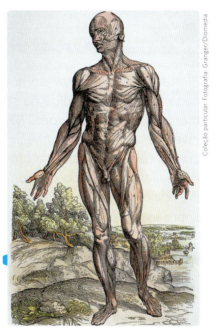

Xilogravura representando o corpo humano, feita por Andreas Vesalius, em 1543.

A invenção da prensa

Um importante fator que contribuiu para a difusão das ideias renascentistas pela Europa foi o desenvolvimento da prensa de tipos móveis, por **Johannes Gutenberg** (c. 1400-1468), em 1450. Diferentemente da prensa usada na China imperial, cujos tipos eram de madeira (como estudamos na unidade **4**), a prensa de Gutenberg usava tipos metálicos, mais resistentes e duráveis.

Com papel e tipos metálicos embebidos em tinta, sua invenção permitia a impressão de textos por meio da compressão dos tipos sobre a superfície do papel.

A prensa de tipos móveis de Gutenberg acelerou a produção de livros, aumentando a produtividade e reduzindo o custo. Antes disso, os livros eram produzidos pelos monges copistas e cada cópia podia levar anos até ser concluída, encarecendo sua produção.

Réplica da prensa de Gutenberg, feita com base em um modelo do século XV. Acervo do Museu de Ciências de Londres, Inglaterra. Foto de 2015.

O Renascimento artístico

Durante o período Medieval, a arte europeia era voltada aos interesses da Igreja, com o objetivo de instruir os fiéis e propagar a moral cristã da época. Na maioria das representações artísticas, as figuras eram apresentadas de modo estático e plano, bem distantes da realidade, como mostra o afresco abaixo.

Afresco do século XI, de autoria desconhecida, representando Jesus em um episódio bíblico, no qual ele realiza a cura dos cegos. Muitas pinturas como essa tinham a função de instruir a população sobre os principais aspectos da fé católica. Acervo da abadia de Santo Angelo em Formis, Cápua, Itália. Foto de 2015.

No entanto, a partir do final do século XIV, a visão humanista passou a ser cada vez mais difundida na sociedade e a arte acompanhou tais mudanças na mentalidade das pessoas. Muitos pintores, influenciados pelas inovações nos diversos campos do conhecimento, principalmente da Matemática e das Ciências Naturais, passaram a produzir pinturas com representações mais próximas da realidade, levando em consideração a proporção, a profundidade e os detalhes da cena, dos sujeitos e de outros elementos representados. (Conheça mais sobre esse assunto nas páginas **144** e **145**.)

Além das novas técnicas de pintura, o Renascimento difundiu representações com novos temas. Entre eles a temática clássica da Antiguidade greco-romana. Ao lado, pintura de Sandro Botticelli (1445-1510), intitulada *O nascimento de Vênus*, produzida em cerca de 1485. Acervo da Galeria dos Ofícios, Florença, Itália. Foto de 2015.

O mecenato e a burguesia

Na época do Renascimento, muitos comerciantes e mercadores tornaram-se mecenas das artes, ou seja, passaram a financiar artistas e a apoiar as novas concepções da arte.

Dessa forma, esses burgueses ficavam mais conhecidos nas cidades da Europa e conseguiam aumentar seu poder e prestígio na sociedade, fortalecendo-se politicamente.

A difusão do Renascimento

A partir do final do século XV e início do século XVI, as novas ideias artísticas desenvolvidas nas cidades italianas foram difundidas para outras regiões da Europa e incorporadas por intelectuais de diversas áreas do conhecimento.

As tentativas de compreensão da natureza e de seu funcionamento, características do ambiente intelectual do século XV, podem ser percebidas nas produções artísticas da época. O espírito de investigação científica estimulou desenhos sobre anatomia, engenharia, ciência, etc., como mostra a imagem ao lado.

Estudo a pena e tinta sobre papel, de Leonardo da Vinci, referente à anatomia humana, produzido no século XVI.

Os ideais clássicos de beleza da Antiguidade foram retomados no Renascimento. Os escultores aproveitaram para evidenciar esses valores em suas obras. Veja o exemplo ao lado.

A literatura também passou a valorizar a visão antropocêntrica, voltada aos sentimentos humanos. Nessa época, a produção literária, da mesma forma, começou a ser difundida nas línguas vernáculas, o que contribuiu para maior propagação da literatura, pois antes a maioria dos textos era publicada em latim, estando ao alcance de uma pequena parcela da população.

O inglês **William Shakespeare** (1564-1616) e o português **Luís Vaz de Camões** (1524-1580) são alguns dos principais expoentes da literatura renascentista.

Vernáculo: idioma próprio de um país ou de uma região.

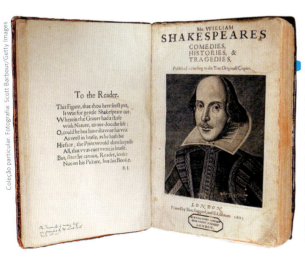

Ao lado, reprodução da obra de 1623, que traz algumas das principais peças teatrais de Shakespeare. Acervo particular. Foto de 2016.

Davi, escultura em mármore feita por Michelangelo no século XVI, representando Davi, o terceiro rei de Israel, conforme a tradição bíblica. Acervo da Galeria da Academia, Florença, Itália. Foto de 2010.

143

Para investigar

As técnicas de pintura no Renascimento

Durante o Renascimento na Europa, as técnicas artísticas passaram por diversas mudanças, influenciadas pela nova visão de mundo que vigorava na época. Assim, foram cada vez mais valorizadas a Ciência, a Matemática e as representações realistas das pessoas e da natureza.

Observe a análise da pintura a seguir, feita no século XV por **Pietro Perugino** (c. 1450-1523), que explora com mais detalhes essas novas técnicas.

A entrada do edifício principal é o ponto de fuga da obra, ou seja, é o ponto da imagem onde convergem as linhas que indicam a profundidade da cena.

Com a técnica da perspectiva, os elementos que estão mais ao fundo da imagem foram representados em tamanho menor, de maneira mais parecida com a realidade.

Diferentemente das imagens estáticas do período medieval, no Renascimento as obras passaram a representar pessoas em movimento e em situações mais dinâmicas.

As pessoas foram representadas na obra de forma individual, com inúmeros detalhes nas vestes e na expressividade.

A simetria é bastante evidente na imagem. Ou seja, se traçarmos uma linha vertical no centro da obra, é possível perceber que o lado esquerdo apresenta equilíbrio em relação ao lado direito.

A entrega das chaves a São Pedro, afresco produzido entre os anos de 1481 e 1482. Acervo dos Museus do Vaticano, Cidade do Vaticano. Foto de 2015.

144

Um dos grandes pintores do Renascimento foi Sandro Botticelli, que representava em suas obras principalmente temas relacionados à Antiguidade Clássica e à religiosidade cristã. Observe a seguir uma de suas pinturas e realize as atividades propostas.

As Tentações de Cristo, afresco de Sandro Botticelli, produzido em cerca de 1480. Acervo dos Museus do Vaticano, Cidade do Vaticano. Foto de 2015.

1. Descreva a imagem acima e destaque os elementos dela que remetem à imagem anterior.

2. Em qual das letras está localizado o ponto de fuga da obra?

3. Considerando a disposição dos elementos na cena, a obra pode ser considerada simétrica? Por quê?

4. Observe as figuras indicadas com as letras **A** e **B**. Por que elas foram representadas com tamanhos diferentes? Explique essa técnica característica do Renascimento.

5. Podemos afirmar que a nova visão de mundo surgida no Renascimento influenciou o campo artístico? Explique.

145

Atividades

Organizando o conhecimento

1. Por que o período do Renascimento recebeu esse nome? O que significa "renascimento", nesse caso?

2. Qual foi o papel do humanismo para o movimento renascentista?

3. Por que as ideias de Copérnico foram importantes? O que ele propunha?

4. Como funcionava a prensa desenvolvida por Gutenberg?

5. De que maneira as mudanças na mentalidade europeia refletiram na produção artística dos séculos XIV a XVI?

Conectando ideias

6. O texto a seguir aborda um dos conceitos estudados ao longo do capítulo. **Leia-o**, **analise** a imagem e depois responda às questões.

> O termo Humanismo surgiu no século XVI para designar as atitudes renascentistas que enfatizavam o homem e sua posição privilegiada na Terra. [...] O Humanismo é comumente definido como um empreendimento moral e intelectual que colocava o homem no centro dos estudos e das preocupações espirituais, buscando construir o mais alto tipo de humanidade possível. É preciso ressaltar, no entanto, que os humanistas não seguiam uma única filosofia, ou seja, não formavam um grupo homogêneo. Em comum, compartilhavam apenas o entusiasmo pelo estudo dos clássicos gregos e latinos.
>
> Kalina Vanderlei Silva; Maciel Henrique Silva. *Dicionário de conceitos históricos*. 2. ed. São Paulo: Contexto, 2006. p. 193.

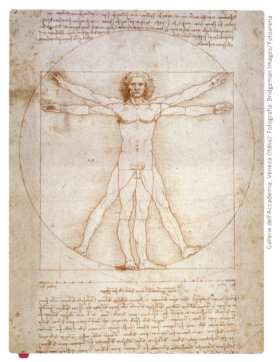

Homem Vitruviano, desenho produzido por Leonardo da Vinci, em 1492.

a) Qual é o conceito explicado no texto? Como ele é definido?

b) Em qual contexto histórico a imagem foi produzida? **Descreva-a**.

c) É possível estabelecer uma relação entre o conceito descrito no texto e a imagem? **Explique**.

7. O movimento renascentista teve mais impacto nas regiões urbanas, onde se expandiram os estudos sobre a arte e a ciência. Enquanto isso, em muitas áreas rurais, o cotidiano continuava marcado pelos conflitos e pelo trabalho exaustivo. **Leia** o texto a seguir e responda às questões.

> A desintegração do regime feudal proporcionou maiores oportunidades para alguns camponeses, mas para outros significou apenas a liberdade de passar fome sob impostos e aluguéis ainda mais pesados. Os ressentimentos crescentes explodiram afinal na Alemanha com a sangrenta Guerra dos Camponeses de 1524. O resultado foi apenas uma catástrofe maior; cerca de 100 000 rebeldes foram mortos e 50 000 ficaram desabrigados, com suas aldeias e campos destruídos. Os mendigos encheram as cidades e os bandidos infestaram as estradas. [...]
>
> Edith Simon. *A Reforma*. Trad. Pinheiro de Lemos. Rio de Janeiro: José Olympio, 1971. p. 32-33 (Coleção Biblioteca de História Universal Life).

a) Qual é o exemplo de conflito rural citado no texto?

b) As "oportunidades" citadas no texto estavam ao alcance de todos os camponeses? **Explique**.

c) Com base em seus conhecimentos sobre a Idade Média e nos assuntos estudados nesta unidade, a situação dos camponeses mudou durante o Renascimento? **Justifique** sua resposta.

8. (Unicamp-SP) A teoria da perspectiva, iniciada com o arquiteto Filippo Brunelleschi (1377-1446), utilizou conhecimentos geométricos e matemáticos na representação artística produzida na época. A figura ao lado ilustra o estudo da perspectiva em uma obra desse arquiteto. É correto afirmar que, a partir do Renascimento, a teoria da perspectiva:

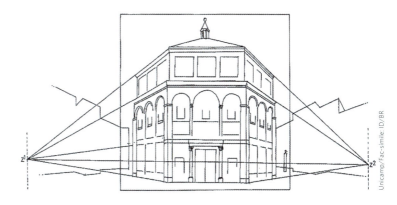

a) foi aplicada nas artes e na arquitetura, com o uso de proporções harmônicas, o que privilegiou o domínio técnico e restringiu a capacidade criativa dos artistas.

b) evidencia, em sua aplicação nas artes e na arquitetura, que as regras geométricas e de proporcionalidade auxiliam a percepção tridimensional e podem ser ensinadas, aprendidas e difundidas.

c) fez com que a matemática fosse considerada uma arte em que apenas pessoas excepcionais poderiam usar geometria e proporções em seus ofícios.

d) separou arte e ciência, tornando a matemática uma ferramenta apenas instrumental, porque essa teoria não reconhece as proporções humanas como base de medida universal.

CAPÍTULO 12

A expansão marítima europeia

A partir do século XV, quando os europeus, principalmente os portugueses e os espanhóis, começaram a se aventurar em longas viagens marítimas, teve início um período de **expansão marítima**, que os europeus denominaram Grandes Navegações.

As explorações marítimas

As explorações marítimas realizadas pelos europeus tinham como objetivos encontrar riquezas e novas rotas comerciais. Entre as riquezas estavam os metais preciosos, como o ouro e a prata, e as especiarias (veja o boxe).

Os portugueses foram um dos primeiros povos a empreender grandes viagens marítimas, descobrindo novas rotas de comércio e conquistando terras distantes antes desconhecidas pelos europeus.

No início do século XVI, o conhecimento sobre as regiões do mundo ainda era bastante restrito. Observe o mapa ao lado, produzido em 1512, por Jerônimo Marini.

Os fatores que propiciaram esse pioneirismo de Portugal foram sua posição geográfica privilegiada, com o oceano Atlântico fazendo fronteira a sul e a oeste do território; a centralização do poder nas mãos de um rei; e os interesses comerciais.

As riquezas do Oriente

Na Europa, a maior parte das atividades comerciais era feita por rotas terrestres ou por rotas marítimas curtas. Os produtos que geravam mais riquezas para os mercadores eram as especiarias, trazidas do Oriente em grandes caravanas por comerciantes indianos e chineses. Com esse comércio sendo controlado por mercadores árabes e italianos, era preciso buscar alternativas para chegar às riquezas do Oriente. Apesar de todos os perigos, as viagens marítimas seriam uma opção mais rápida e lucrativa.

As especiarias

Especiarias são tipos de plantas ou ervas aromáticas, como cravo, noz-moscada, pimenta, canela e açafrão. Atualmente, elas são muito comuns em nosso dia a dia, mas no século XV eram mais raras e muito valiosas, sendo que algumas chegavam a valer mais que ouro.

As especiarias não eram usadas apenas como condimento, mas também ajudavam a conservar alguns tipos de alimentos e tinham propriedades medicinais.

As navegações portuguesas e espanholas

Como vimos, a partir do século XV, os portugueses iniciaram as grandes viagens marítimas para outros continentes. Assim, em 1415, conquistaram a cidade de Ceuta, no norte da África, que até então era controlada por muçulmanos, o que foi muito importante, pois a cidade possuía inúmeras riquezas, além da posição geográfica privilegiada. Após essa conquista, os portugueses continuaram a explorar o litoral africano, instalando entrepostos comerciais em outras regiões, como na ilha da Madeira, em 1419, e em Açores, no ano de 1427.

A rota para as Índias

Vimos que os europeus buscavam, na época, novas rotas marítimas que levassem às riquezas do Oriente. Em 1453, os turco-otomanos conquistaram Constantinopla, capital do Império Bizantino, o que dificultou o comércio dos europeus no mar Mediterrâneo e impulsionou essa busca de novas rotas para as Índias, como era chamada a região do Oriente onde se localizam os atuais países da Índia, da China e do Japão.

Assim, no ano de 1498, o navegador português Vasco da Gama chegou a Calicute, na Índia, contornando o continente africano. Foi a primeira de muitas outras expedições realizadas pelos portugueses.

Instrumentos e técnicas de navegação

Foram necessários muitos conhecimentos e várias técnicas para o empreendimento das viagens marítimas europeias nos séculos XV e XVI. Para enfrentar os desafios dos mares desconhecidos, os exploradores baseavam-se nos relatos deixados por outros viajantes e também em experiências adquiridas em viagens anteriores. Além disso, foram utilizados diversos instrumentos de navegação que auxiliavam na orientação até o destino desejado. Veja a seguir a importância de alguns desses instrumentos.

- **Bússola**: de origem chinesa, e trazida para a Europa pelos árabes, é um instrumento que auxilia na localização e na direção a ser seguida pelos navegadores.
- **Astrolábio**: instrumento utilizado para determinar a localização dos astros no céu e, dessa forma, traçar as rotas de viagem.
- **Cartas e portulanos**: também conhecidas como cartas náuticas ou cartas de navegação, traziam representações cartográficas das áreas costeiras, de modo semelhante a um mapa terrestre.

Além desses equipamentos, viagens marítimas a longas distâncias foram possibilitadas pelo uso das **caravelas**, que começaram a ser construídas pelos portugueses na década de 1440. Esse tipo de embarcação era resistente para enfrentar as correntes marítimas e as tempestades em alto-mar. Além disso, impulsionadas por velas triangulares, as caravelas eram mais leves e velozes que outras embarcações da época.

Astrolábio do século XIV. Acervo do Museu do Louvre, Paris, França. Foto de 2015.

A chegada dos espanhóis à América

No final do século XV, os espanhóis também empreenderam grandes viagens marítimas com o objetivo de chegar ao Oriente.

Em 1492, uma expedição financiada pela Coroa espanhola permitiu que o navegador genovês Cristóvão Colombo chegasse a terras desconhecidas até então. Influenciado pelas ideias renascentistas, Colombo acreditava que a Terra fosse redonda e, por isso, seria possível alcançar as Índias navegando na direção oeste, sentido oposto ao que já havia sido feito. Foi ao longo dessa rota que, em outubro de 1492, Colombo chegou à América, especificamente na região das Antilhas, atual Caribe. Pensando ter alcançado as Índias, Colombo passou a chamar os habitantes dessas terras de índios, como vimos na unidade 5.

Gravura produzida por Theodore de Bry (1528-1598), em cerca de 1594, publicada em sua coleção *Grandes Viagens*. Essa imagem representa a chegada de Colombo à América.

O mapa abaixo mostra as principais rotas marítimas percorridas pelos portugueses e pelos espanhóis no período da expansão marítima europeia.

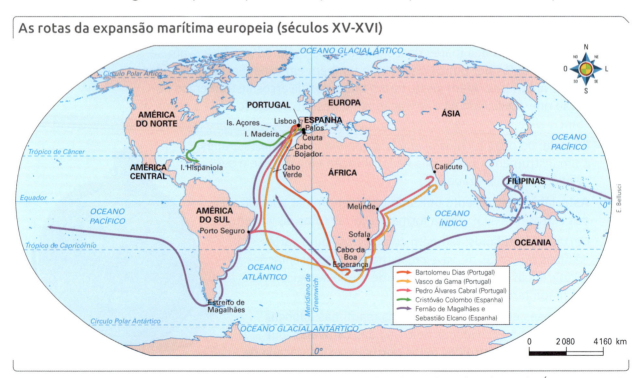

As rotas da expansão marítima europeia (séculos XV-XVI)

Fonte: José Jobson de A. Arruda. *Atlas Histórico Básico*. São Paulo: Ática, 2002. p. 19.

> De acordo com o mapa, quantas foram as rotas percorridas por Portugal? E pela Espanha? Qual das rotas levou os portugueses até o território onde hoje é o Brasil?

Saiba mais

A formação dos Estados modernos na Europa

No final da Idade Média, entre os séculos XI e XV, começaram a se formar os primeiros Estados nacionais modernos. Apesar de ter sido um processo diferente em cada região, de modo geral esses Estados caracterizaram-se pela gradativa centralização do poder nas mãos dos reis.

A burguesia, que desde o final da Idade Média estava em ascensão, apoiava essa centralização para que, dessa forma, os reis pudessem promover reformas que beneficiassem o comércio por todo o Estado.

Parte da nobreza, enfraquecida com a crise do sistema feudal, também passou a apoiar o poder dos reis em busca de benefícios, como a manutenção de privilégios, a isenção de pagamento de impostos e o recebimento de pensões.

O apoio da burguesia e de parte da nobreza, o crescimento do comércio e o consequente aumento na arrecadação de impostos fizeram, assim, que os monarcas europeus se tornassem cada vez mais poderosos.

O Reino de Portugal

Durante o século VIII, grande parte da península Ibérica foi dominada por povos muçulmanos. Entre os séculos XI e XII, os reinos cristãos localizados na região norte da península organizaram expedições para conquistar o território ocupado pelos muçulmanos, dando início à formação do Reino de Portugal.

No século XI, os Reinos de Leão e Castela estavam entre os principais desses reinos cristãos. O rei Afonso VI, de Leão e Castela, para recompensar o nobre Henrique de Borgonha por sua participação vitoriosa nas batalhas contra os muçulmanos, ofereceu-lhe um condado, o Condado Portucalense, além do casamento com sua filha.

> **Condado:** território cuja administração é concedida a um conde, título de nobreza.

Anos depois, o filho de Henrique de Borgonha, Afonso Henriques, após romper com os Reinos de Leão e Castela e passar a enfrentá-los, tornou o Condado Portucalense um reino independente, o Reino de Portugal. Depois da criação do reino, os portugueses expandiram seu território ao guerrear contra os muçulmanos e dominar as áreas por eles ocupadas.

No final do século XIV, a dinastia de Avis assumiu o trono português, ampliando a centralização do poder nas mãos do rei e consolidando o Reino de Portugal como o primeiro Estado moderno da Europa.

Gravura do século XIX, de autoria desconhecida, mostrando o primeiro rei de Portugal, Afonso Henriques, após vencer uma batalha contra muçulmanos no século XII.

O dia a dia em alto-mar

Havia grande número de pessoas empenhadas nas viagens marítimas, quer fossem aventureiros, quer fossem religiosos ou degredados. Os motivos podiam ser tanto a busca de riquezas, de aventuras e de oportunidades em terras desconhecidas quanto as pessoas serem forçadas a deslocar-se do lugar de origem. Essas viagens marítimas podiam durar meses, anos ou não conseguir chegar ao final, o que ocorria com bastante frequência. Leia os textos e observe a imagem a seguir para conhecer o dia a dia das pessoas nessas longas viagens.

A tripulação

O número de pessoas em uma caravela ou nau variava muito. Na época da expansão marítima, uma caravela podia levar de 25 a 30 pessoas, no entanto algumas embarcações maiores, como as naus, podiam alojar mais de cem.

O **capitão** era o chefe da embarcação e quem tomava as principais decisões durante a viagem. O **escrivão** era o encarregado de controlar a distribuição de víveres e de registrar os acontecimentos da viagem. O **piloto** era encarregado do rumo do navio. Ele utilizava vários instrumentos para determinar as rotas em alto-mar, como a bússola, o astrolábio e o quadrante.

Os **marinheiros** formavam o maior grupo de tripulantes nas embarcações. Eles executavam diferentes tarefas, como manobrar e recolher as velas, limpar o convés, cozinhar e carregar cargas. Havia também os **carpinteiros** e os **calafetadores**, responsáveis pela manutenção e pela revisão da embarcação. O **homem do leme** cuidava do manejo do leme de acordo com as ordens do capitão e do piloto, e os **grumetes** eram jovens aprendizes, geralmente com idades entre 12 e 15 anos.

> **Degredado:** pessoa que sofreu a pena de degredo, exílio, expulsão, como punição por ter cometido um crime grave.
>
> **Nau:** tipo de embarcação de grande porte, muito utilizada até o século XV.
>
> **Víveres:** mantimentos destinados à alimentação.
>
> **Quadrante:** instrumento náutico utilizado para medir a altura dos astros.

Esta ilustração é uma representação artística feita com base em pesquisas históricas.

Fome e sede

Os alimentos servidos a bordo das embarcações eram carne vermelha, peixe seco, lentilhas, cebolas, azeite, banha, frutas frescas e secas, biscoitos, queijo, mel, vinho, água e outros. No entanto, por causa da longa duração das viagens, era comum que esses alimentos se deteriorassem ou acabassem, levando ao racionamento de víveres.

Para evitar problemas como a fome e a sede, em casos de escassez, muitos viajantes comiam alimentos estragados, ratos, insetos, solas de sapato, água podre e vinho avinagrado.

Em situações assim, geralmente os melhores alimentos, ricos em vitaminas, eram reservados aos oficiais e às pessoas com mais privilégios na embarcação, gerando muitas vezes tensões, motins e insubordinação dos marinheiros contra o capitão.

Um perigo constante

Após vários dias em alto-mar, era muito comum que a falta de higiene e a má alimentação fizessem a tripulação e os passageiros serem acometidos por doenças.

A doença mais comum nas embarcações era o escorbuto, ocasionado pela falta de vitamina C (ou ácido ascórbico) no organismo e cujos principais sintomas eram sangramento nas gengivas, perda dos dentes, inchaço e dores nas pernas.

Com a desidratação causada pela falta de água e pela ingestão de alimentos estragados, de ratos, de insetos, etc., inúmeros viajantes tinham febre alta, delírios e muitos acabavam morrendo.

A religiosidade

Apesar da rígida hierarquia a bordo, imposta muitas vezes à força, o risco de ocorrerem motins e conflitos entre os viajantes era uma preocupação constante do capitão.

Para acalmar os ânimos e manter a tripulação ocupada após longos períodos de convivência, eram organizadas festas religiosas em honra aos diversos santos da Igreja católica. Nesses eventos, padres e outros religiosos a bordo pediam proteção contra tempestades, naufrágios, doenças, entre outros acontecimentos.

Os padres e os religiosos participavam das viagens com o objetivo de difundir o catolicismo em outras terras.

A Europa depois da expansão marítima

A expansão marítima contribuiu para que os europeus estabelecessem contato com diferentes regiões do mundo e continentes até então desconhecidos, como a América, a África e a Ásia. Assim, além das riquezas proporcionadas pela expansão marítima e do contato com terras distantes, o conhecimento de novos povos e de novas culturas que os europeus nunca imaginavam existir proporcionou profunda mudança em seu modo de vida e em sua concepção de mundo.

Leia o texto a seguir sobre o legado do continente americano à Europa.

Gravura representando variedades de milho de origem americana, publicada em 1836 no livro *História natural, agrícola e econômica do milho*, de Matthieu Bonafous.

[...] Além do ouro, da prata e das pedras preciosas, os produtos coloniais também ganharam espaço naquele continente e alteraram a vida da cristandade. A começar pelo estômago: para se ter uma ideia da contribuição americana, dois dos quatro principais vegetais consumidos no mundo têm suas origens na região. A batata — injustamente chamada de "inglesa" — é originária dos Andes peruanos, onde já era cultivada havia cerca de 7 000 anos para alimentação humana. Foi levada pelos colonizadores europeus primeiramente como curiosidade, mas logo se espalhou e se tornou uma das bases da alimentação mundial. O milho, por sua vez, era cultivado inicialmente na América Central, e quando os europeus chegaram, entre os séculos XV e XVI, já era consumido em todo o continente americano. Devido à facilidade de adaptação e às muitas variedades, tornou-se elemento indispensável na dieta humana.

Rodrigo Elias. Homem à vista. Disponível em: <www.revistadehistoria.com.br/secao/capa/homem-a-vista>. Acesso em: 8 jun. 2016.

As populações nativas das terras recém-descobertas também tiveram grande alteração no seu modo de vida e considerável redução no número de pessoas, provocada pelas guerras contra os europeus e pelas doenças trazidas por eles.

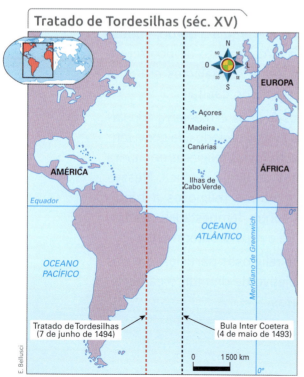

O Tratado de Tordesilhas

Como vimos, a expedição de Colombo chegou à América em 1492. Assim, a notícia da localização de novas terras espalhou-se na Europa, dando início a uma disputa entre o rei da Espanha e o de Portugal pelo domínio delas.

Essa questão foi resolvida por meio do **Tratado de Tordesilhas**, assinado em 1494 pelos dois reis, estabelecendo uma linha imaginária localizada a 370 léguas (cerca de 2 mil quilômetros) a oeste das ilhas de Cabo Verde. Portugal obteve a soberania das terras situadas a leste da linha de Tordesilhas, e as terras a oeste seriam da Espanha. Veja a representação dessa linha no mapa ao lado.

Fonte: Synerio Sampaio Goes Filho. *Navegantes, bandeirantes, diplomatas*: um ensaio sobre a formação das fronteiras do Brasil. São Paulo: Martins Fontes, 1999. p. 45.

Atividades

Organizando o conhecimento

1. Quais eram os principais objetivos dos europeus com a expansão marítima?

2. Quais dificuldades a tripulação costumava enfrentar durante o período de viagem nas embarcações?

3. Quais foram as principais consequências das viagens marítimas para o contexto histórico europeu?

Conectando ideias

4. No início da expansão marítima europeia, o oceano Atlântico representava o desconhecido e era visto com temor pelos marinheiros. Para compreender melhor o imaginário europeu dessa época, **leia** o texto e **analise** a gravura. Depois, responda às questões.

> [...] Espaço do incógnito e da aventura, espaço do medo, [o Atlântico] é também o espaço onde o homem se encontra com ele próprio, na superação do obstáculo, no esforço, na viagem. [...]
>
> É neste quadro complexo do imaginário atlântico que o maravilhoso tem lugar. Não tanto o maravilhoso da riqueza (que só se desenvolverá num segundo momento), quanto o maravilhoso do fantástico e do monstruoso. [...]
>
> O relato da viagem de São Brandão faz uma descrição das serpentes atlânticas, apresentando-as como seres temíveis: "Com o fogo que lança, abrasa como a boca de um forno, com uma chama tão alta e tão ardente que os [marinheiros] faz temer pela morte. O seu corpo é excessivo, e solta mugidos com maior força que quinze [touros] juntos. Só perante a ameaça dos seus dentes, teriam fugido até mil e quinhentos guerreiros. As ondas que desloca são tão altas que não necessita de mais nada para provocar uma tempestade".
>
> Luís Adão da Fonseca. O imaginário dos navegantes portugueses dos séculos 15 e 16. *Estud. av.* v. 6, n. 16. 1992. p. 45-46. Disponível em: <www.scielo.br/scielo.php?script=sci_arttext&pid=S0103-40141992000300004&lng=en&nrm=iso>. Acesso em: 8 jun. 2016.

Representação de seres mitológicos e monstros marinhos em detalhe do mapa *Carta Marina*, produzido por Olaus Magnus e publicado em 1572.

a) **Explique** o sentido que a palavra "maravilhoso" apresenta no texto.

b) Como São Brandão descreve a criatura marítima?

c) **Comente** sobre o imaginário europeu da época.

d) **Componha** um texto relacionando o relato acima com o contexto europeu da época da expansão marítima. Utilize também a gravura acima para a realização da atividade.

CAPÍTULO 13

As Reformas religiosas e a reação da Igreja católica

As transformações ocorridas durante o Renascimento, ao longo dos séculos XV e XVI, influenciaram diretamente a situação da Igreja católica na Europa.

Como vimos na unidade **1**, na Idade Média, a Igreja era uma das instituições mais ricas e poderosas da Europa.

▍ A crise da Igreja católica

A partir da Baixa Idade Média, a Igreja católica passou a ser alvo de diversas críticas, entrando em crise. Representantes do governo, filósofos, entre outras pessoas, questionavam a autoridade do clero sobre os reis e sobre a vida política das cidades, além de condenar a postura de muitos religiosos em relação à posse de bens e riquezas.

Muitos membros da instituição eram acusados de diversas práticas corruptas, como a busca de enriquecimento; o nepotismo, que consiste no ato de nomear familiares para ocupar cargos na estrutura administrativa de determinado órgão, no caso a Igreja; e a simonia, ou seja, a comercialização de elementos considerados sagrados, como pedaços de ossos ou de panos, bênçãos e cargos eclesiásticos.

156

Uma das práticas dos membros da Igreja que sofria as mais duras críticas era a venda de **indulgências**, ou seja, a venda do perdão dos pecados cometidos pelas pessoas, cuja principal forma de pagamento era com doações em dinheiro à instituição.

Gravura feita por Jörg Breu, em cerca de 1500, representando a venda de indulgências.

A religião durante o Renascimento

Durante o Renascimento, a postura crítica em relação à Igreja influenciou o surgimento de novas perspectivas religiosas. De modo geral, os pensadores dessa época acreditavam que a verdadeira fé estaria ao alcance de todos independentemente dos dogmas e dos rituais da Igreja católica.

Com o individualismo difundido principalmente pelo pensamento humanista, cada vez mais as pessoas passaram a valorizar uma fé pessoal, desvinculada dos rituais e das práticas da Igreja, cujos representantes teriam sido corrompidos pelo luxo e pelo poder.

Pensadores como o teólogo holandês Erasmo de Rotterdam (1466-1536) fizeram várias críticas à Igreja católica, afirmando que a fé se revelava de modo simples, por meio da Bíblia, portanto a religião deveria ser acessível a todos, independentemente de sua condição social ou econômica.

Retrato de Erasmo de Rotterdam. Têmpera produzida por Hans Holbein (1498-1543), em 1523. Acervo do Museu de Capodimonte, Nápoles, Itália. Foto de 2014.

No século XVI, muitas pessoas passaram a questionar a ostentação de riquezas promovida por parte da Igreja católica, que se manifestava principalmente nas construções grandiosas, com ornamentos em mármore e ouro, por exemplo. Óleo sobre tela do pintor italiano Giovanni Paolo Pannini (1691-1765), mostrando o interior da basílica de São Pedro, construída ao longo do século XVI, no Vaticano. Acervo do palácio Rezzonico, Museu do Setecentos, Veneza, Itália. Foto de 2015.

Dogma: conjunto de princípios fundamentais de determinada crença religiosa incontestáveis.

Teólogo: especialista ou estudioso de questões religiosas.

157

A Reforma protestante

A crise religiosa, provocada principalmente pelo enriquecimento da Igreja e pela corrupção dos clérigos, resultou em alguns movimentos de contestação aos dogmas católicos. Esses movimentos foram chamados Reforma protestante, pois pretendiam estabelecer alterações em algumas concepções e princípios difundidos pela Igreja católica romana.

Luteranismo

Na região da Alemanha, a Reforma protestante foi liderada pelo monge Martinho Lutero (1483-1546). Lutero era contrário à venda de indulgências e, por isso, redigiu um documento com 95 declarações, ou teses, contestando essa e outras práticas católicas. Em 1517, ele pregou tal documento com suas ideias na porta da igreja em Wittenberg.

Retrato de Martinho Lutero, óleo sobre painel de Lucas Cranach (1472-1553), produzido em 1529. Acervo do Museu Histórico Alemão, Berlim, Alemanha. Foto de 2013.

Lutero argumentava a favor de uma doutrina em que a salvação divina pudesse ser concedida de acordo com a fé e com a crença individual das pessoas.

Mesmo sendo excomungado pela Igreja católica, o monge recebeu o apoio de muitas pessoas, entre elas nobres e príncipes da região alemã.

Uma das ideias difundidas pela Reforma protestante era que a Bíblia pudesse ser interpretada pelos próprios fiéis, sem a intermediação dos clérigos. Contudo, muitas pessoas não compreendiam o latim, língua em que eram celebradas as cerimônias religiosas na época.

Assim, uma das preocupações de Lutero foi produzir uma versão da Bíblia em alemão, língua vernácula, para que as pessoas pudessem interpretar as escrituras. A doutrina fundada por ele recebeu o nome de **luteranismo**.

Excomungar: ato de expulsar ou de excluir de um grupo ou de uma comunidade religiosa quem comete algo considerado delito.

Em 1534, foi publicada a versão da Bíblia em alemão, com a tradução feita por Martinho Lutero. Acervo do Museu Casa de Lutero, Wittenberg, Alemanha. Foto de 2015.

Calvinismo

As ideias de Lutero propagaram-se para outras regiões da Europa. O teólogo francês João Calvino (1509-1564) difundiu as ideias protestantes, principalmente na região de Genebra, na Suíça.

Calvino defendia a ideia de que o ser humano não poderia intervir em sua salvação, pois o destino de cada pessoa já estaria determinado por Deus. Desde o nascimento, a pessoa já estaria salva para viver no céu ou condenada a sofrer no inferno. Como pecadores, não cabia aos seres humanos conhecer seu destino. Até que o destino fosse revelado, na morte, restava aos indivíduos levar uma vida exemplar e obediente a Deus.

Muitos burgueses simpatizaram com essa nova doutrina fundada por Calvino e que foi denominada **calvinismo**, pois o modo de vida deles, voltado para o trabalho e para o sucesso financeiro, era valorizado nela e representava indícios da salvação. Por isso, os burgueses auxiliaram na divulgação do calvinismo na Europa.

Anglicanismo

Na Inglaterra, o rei Henrique VIII via a forte autoridade da Igreja católica e o crescente acúmulo de riquezas por ela como uma ameaça à sua autoridade política.

Assim, com o apoio de diversos setores da população, que já recebiam as influências do movimento reformista difundido por Lutero e protestavam contra a obrigação do pagamento de dízimos à Igreja, Henrique VIII promoveu a Reforma protestante na Inglaterra.

Em 1534, Henrique VIII, em um ato de caráter político, rompeu com o catolicismo romano porque o papa negou o pedido de divórcio dele com a espanhola Catarina de Aragão, que não havia gerado um herdeiro do sexo masculino, como o rei desejava. Com o divórcio, o rei casaria-se com a inglesa Ana Bolena. Assim, Henrique VIII criou o **Ato de Supremacia**, fundando a Igreja anglicana, da qual era o chefe, e apoderando-se de terras e de outras riquezas que antes pertenciam à Igreja católica.

A ascensão das ideias protestantes provocou diversos conflitos na Europa. Em 1572, milhares de protestantes franceses foram mortos em um massacre que ficou conhecido como Noite de São Bartolomeu. A pintura ao lado, feita no século XVI, representa esse evento. *Massacre do dia de São Bartolomeu*, óleo sobre painel de François Dubois (1529-1584). Acervo do Museu Cantonal de Belas Artes, Lausana, Suíça. Foto de 2015.

159

A Contrarreforma

O surgimento de diversos movimentos contrários às doutrinas da Igreja católica provocou uma reação dessa instituição, que instaurou a chamada Contrarreforma. Assim, o clero investiu na renovação e no fortalecimento dos dogmas católicos, por meio de medidas diversas.

A Companhia de Jesus

Uma das ordens religiosas mais atuantes no século XVI foi a Companhia de Jesus. Criada em 1534 pelo espanhol Inácio de Loyola (1491-1556), essa ordem tinha como objetivo conciliar a disciplina monástica com o catolicismo renovado proposto pela Contrarreforma. Seguindo uma rígida disciplina, os **jesuítas**, como eram chamados os clérigos pertencentes à Companhia, combatiam o avanço do protestantismo por meio da reafirmação da fé católica, pela educação e pela conversão de fiéis, com a criação de escolas. Além disso, eles difundiam o catolicismo por meio das missões em diversas regiões do mundo, como na América, na Ásia e na África.

> **Monástico:** referente ao modo de vida religioso de monges e freiras.
>
> **Concílio:** reunião organizada pelo papa para discutir questões como doutrina, fé e costumes relacionados à religião.

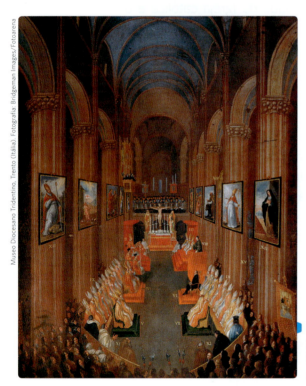

O Concílio de Trento

O Concílio de Trento foi uma série de encontros que reuniu na cidade de Trento (norte da Itália) dezenas de clérigos católicos, entre os anos de 1545 e 1563. O principal objetivo do Concílio era rever e examinar os dogmas e as práticas da Igreja, tendo em vista que estavam sendo ameaçados pelo protestantismo.

Algumas práticas corruptas dos clérigos foram abolidas, como a venda de indulgências e de cargos eclesiásticos, e a grande maioria das doutrinas foi reafirmada pela Igreja, como o princípio da salvação pelas boas obras, o culto à Virgem Maria e a outros santos, e o celibato clerical.

Sessão de abertura do Concílio de Trento em 1545, que representa clérigos reunidos no Concílio. Óleo sobre tela de Nicolo Dorigati (1662-1750), produzido em 1711. Acervo do Museu Diocesano Tridentino, Trento, Itália. Foto de 2015.

As heresias

As ideias ou práticas que contrariam os dogmas da Igreja católica ou que são tidas como ilegítimas são chamadas **heresias**.

Naquela época, a Igreja católica considerava hereges os seguidores das religiões protestantes e também aquelas pessoas cujas ideias, doutrinas ou práticas ameaçavam a estabilidade do poder papal e católico, sendo consideradas falsas pela instituição.

A Inquisição

Também chamada **Tribunal do Santo Ofício**, a Inquisição foi um órgão da Igreja católica criado em 1231. A princípio, sua atuação era predominantemente contra os hereges. No entanto, com a ascensão dos protestantes e com o contexto da Contrarreforma, no século XVI, a Inquisição passou a reprimir e a utilizar medidas agressivas contra esses grupos.

Os inquisidores, ou seja, os membros do Tribunal do Santo Ofício, costumavam visitar os povoados para realizar interrogatórios e sessões de tortura nos acusados de contrariar os princípios católicos. Muitas vezes, para não serem mortos, os acusados acabavam confessando atos que não haviam cometido.

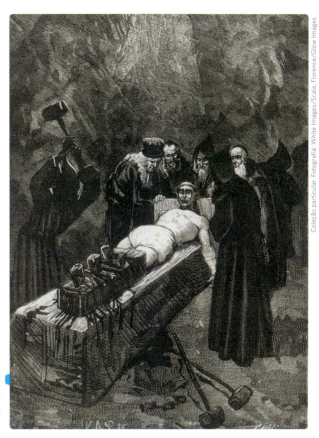

A gravura ao lado representa um clérigo sendo acusado e torturado por contrariar práticas da Igreja. Imagem extraída da publicação *Os Mistérios da Ciência*, de Louis Figuier, do século XIX.

Os **autos de fé** eram cerimônias públicas nas quais os inquisidores declaravam as sentenças dos indiciados pelo Tribunal do Santo Ofício. Nesses rituais, os acusados podiam confessar seus crimes e pedir o perdão, caso contrário ficavam sujeitos a sofrer penalidades e serem executados. Acima, a gravura de autoria desconhecida, produzida no século XVI, representa a execução de três mulheres condenadas por bruxaria.

> De acordo com o que você estudou, por que as pessoas eram perseguidas pela Inquisição? Qual é sua opinião sobre essas medidas tomadas pelo Tribunal do Santo Ofício?

Atividades

Organizando o conhecimento

1. Quais eram as principais críticas feitas por intelectuais, políticos, entre outras pessoas, à Igreja católica desde o final da Baixa Idade Média?

2. O que pensadores como Erasmo de Rotterdam diziam sobre a fé entre os séculos XV e XVI?

3. Escreva um breve texto sobre os principais movimentos de contestação à Igreja católica que surgiram durante a Reforma protestante.

4. Explique o que foi a Contrarreforma.

Conectando ideias

5. **Leia** o texto a seguir e, depois, responda às questões em seu caderno.

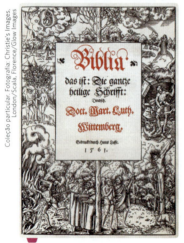

Página da Bíblia alemã, ricamente ilustrada, traduzida por Martinho Lutero e publicada pela primeira vez em 1534.

Os primeiros produtos da indústria tipográfica foram tríplice sucesso — como mercadorias, como armas de propaganda e como obras de arte. Muitos livros rivalizavam com a beleza dos volumes manuscritos, mostrando belos desenhos, primoroso trabalho tipográfico e, de vez em quando, soberbas iluminuras. Artigos menos trabalhados se vendiam com a mesma rapidez com que saíam dos prelos. A Bíblia Alemã de Lutero alcançou 430 edições durante a vida do autor. Os seus panfletos, e outros que o atacavam, eram comprados ao preço de alguns centavos. Embora os clérigos católicos perdessem repetidamente a batalha da palavra impressa, louvaram o novo processo como uma "arte divina".

Edith Simon. *A Reforma*. Trad. Pinheiro de Lemos. Rio de Janeiro: José Olympio Editora, 1971. p. 140 (Coleção Biblioteca de História Universal Life).

a) De acordo com o texto e com o que você estudou até aqui, qual a relação entre a prensa de tipos móveis de Gutenberg e a difusão das ideias de Martinho Lutero?

b) Por que, conforme o autor do texto, os primeiros produtos da indústria tipográfica foram um tríplice sucesso?

c) Por que a versão da Bíblia feita por Lutero teve tantas edições?

d) Atualmente, além de impressas, em que outros formatos podemos encontrar a Bíblia e outras obras literárias? Você acha que esses diferentes formatos contribuem para que as pessoas leiam mais? Por quê? Converse com os colegas.

6. (Unesp) As reformas protestantes do princípio do século XVI, entre outros fatores, reagiam contra:

a) a venda de indulgências e a autoridade do Papa, líder supremo da Igreja Católica.

b) a valorização, pela Igreja Católica, das atividades mercantis, do lucro e da ascensão da burguesia.

c) o pensamento humanista e permitiram uma ampla revisão administrativa e doutrinária da Igreja Católica.

d) as missões evangelizadoras, desenvolvidas pela Igreja Católica na América e na Ásia.

e) o princípio do livre-arbítrio, defendido pelo Santo Ofício, órgão diretor da Igreja Católica.

7. **Copie** em seu caderno as frases a seguir, **corrigindo** as incorretas.

a) As ideias ou práticas que contrariam os dogmas da Igreja católica ou que são tidas como ilegítimas são chamadas Contrarreforma.

b) Criada pelo espanhol Inácio de Loyola, a Companhia de Jesus tinha como objetivo conciliar a disciplina monástica com o catolicismo renovado proposto pela Contrarreforma.

c) Os autos de fé eram cerimônias públicas nas quais os inquisidores declaravam as sentenças dos indiciados pelo calvinismo.

d) O principal objetivo do Concílio de Trento era rever e examinar os dogmas e as práticas da Igreja, tendo em vista que estavam sendo ameaçados pelo protestantismo.

Por qual assunto desta unidade você mais se interessou? Elabore em seu caderno algumas questões sobre o que você estudou. Depois, leia-as a um colega para que ele as responda oralmente. Por fim, responda às questões que ele preparou para você. Após essa atividade, procure responder:

- Em qual dos três capítulos você gostaria de aprofundar seus conhecimentos? Por quê?
- Em sua opinião, esses temas são importantes para compreendermos a história do nosso país? Explique.
- Você já conhecia algumas das pinturas renascentistas? Quais? O que você aprendeu sobre elas?
- Você teve alguma dúvida ao estudar os conteúdos da unidade? Quais?

Ampliando fronteiras

Caça às bruxas

Você já assistiu a algum filme ou desenho animado com personagens bruxas? Como elas apareciam vestidas? De que maneira eram representadas?

As "bruxas" também possuem sua história. Muitas mulheres foram assim denominadas no contexto da Idade Média, principalmente no período de intensa atuação da Inquisição. Milhares foram presas, julgadas e condenadas à morte na fogueira pelo Tribunal do Santo Ofício por exercerem práticas supostamente relacionadas à bruxaria. Mas será que as mulheres perseguidas pela Inquisição se pareciam com essas personagens que você já viu representadas?

Nos séculos XVI e XVII, diversas práticas, como as que envolviam um conjunto de conhecimentos relacionados ao corpo, à medicina popular e aos saberes ancestrais, eram consideradas subversivas, pois iam contra as leis divinas, de acordo com a concepção da Igreja católica. Essas práticas, exercidas principalmente pelas mulheres, passaram então a ser vistas como bruxaria. Naquela época, as mulheres eram consideradas mais frágeis que os homens e, segundo a crença católica, mais suscetíveis ao pecado.

Assim, as mulheres tornaram-se maioria entre as pessoas perseguidas durante a Inquisição nos séculos XVI e XVII, com a caça às bruxas.

A sabedoria popular

Algumas das atividades que antes eram vistas como bruxaria são, atualmente, reconhecidas como um tipo de sabedoria popular. São conhecimentos adquiridos pela tradição da família ou da comunidade.

Em muitos locais do Brasil e do mundo, os conhecimentos tradicionais relacionados aos tratamentos de saúde, por exemplo, feitos com ervas e produtos naturais, são comuns e ainda transmitidos de geração para geração.

1. Quem eram as bruxas, segundo a visão dos inquisidores?
2. Por que a grande maioria das pessoas perseguidas pela Inquisição eram mulheres?
3. Leia o texto a seguir e responda às questões.

> [...] Além de investir em conceitos que subestimavam o corpo feminino, a ciência médica passou a perseguir [no século XVIII] as mulheres que possuíam conhecimentos sobre como tratar o próprio corpo. Esse saber informal, transmitido de mãe para filha, era necessário para a sobrevivência dos costumes e das tradições femininas [...]. Era também a crença na origem sobrenatural da doença que levava tais mulheres a recorrer a [meios] sobrenaturais; mas essa atitude acabou deixando-as na mira da Igreja [...].

Mary Del Priore. Magia e Medicina na colônia: o corpo feminino. Em: Mary Del Priore (Org.). *História das mulheres no Brasil*. 8. ed. São Paulo: Contexto, 2006. p. 81.

a) De acordo com o texto, por que algumas mulheres ficavam na mira da Igreja?
b) O que a autora quis dizer com a expressão "saber informal"?
c) No lugar onde você mora, ou mesmo entre seus familiares, existe alguma pessoa que exerça atividades ligadas aos saberes populares? Agende uma entrevista com ela para obter informações sobre as práticas relacionadas a esses saberes. Pergunte-lhe com quem ela aprendeu tais conhecimentos e como ela os utiliza. Posteriormente, transcreva a entrevista e leve-a para a sala de aula para compartilhar com os colegas o que você aprendeu sobre saberes populares.

Muitas mulheres perseguidas pela Inquisição realizavam partos e tratavam de mulheres grávidas. Elas tinham conhecimentos sobre o corpo humano e sabiam utilizar ervas e minerais no tratamento de diversas doenças.

165

UNIDADE 7

A colonização da América

A partir do século XVI, espanhóis e portugueses iniciaram um processo de conquista e de colonização das terras que hoje formam a América, transformando profundamente as sociedades indígenas que habitavam o continente.

Nesse processo de colonização e de encontro de diferentes culturas, as relações entre indígenas e europeus foram marcadas por conflitos, influenciando a história dos povos e das sociedades em todo o continente americano.

Agora vamos estudar...
- a chegada dos espanhóis à América;
- a conquista e a colonização espanhola;
- os portugueses no Brasil;
- os primeiros anos de ocupação da América portuguesa.

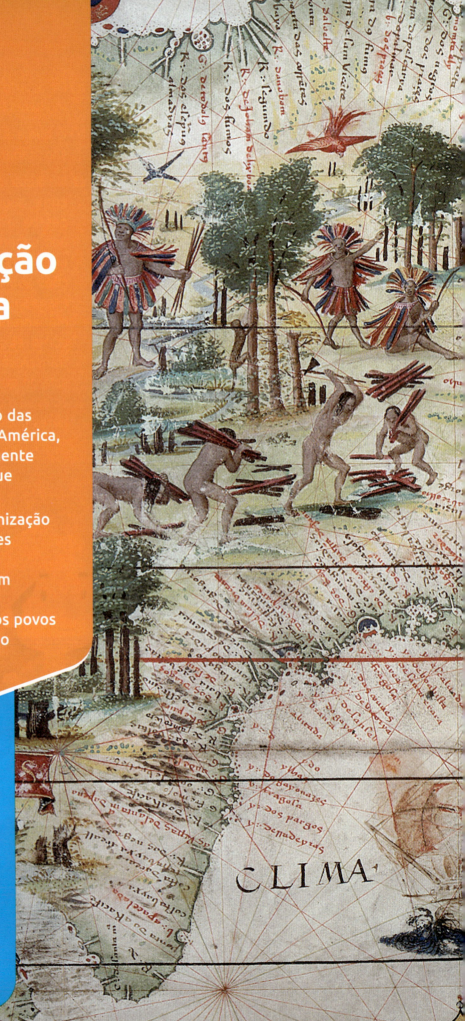

Terra Brasilis, detalhe do mapa produzido por Lopo Homem, em cerca de 1519.

Iniciando rota

1. Você consegue identificar que atividades os indígenas estão desempenhando na imagem?

2. O que você sabe sobre o momento da chegada dos portugueses ao Brasil?

3. O problema do desmatamento no Brasil teve início com a colonização portuguesa. Você conhece a situação das florestas brasileiras atualmente? Converse com os colegas sobre o assunto.

CAPÍTULO 14

A América espanhola

Quando os europeus desembarcaram na América, em 1492, havia cerca de 50 milhões de indígenas habitando o território. Essa população foi drasticamente reduzida ao longo dos anos de invasão e de ocupação europeia, como veremos neste capítulo.

Os primeiros contatos entre os europeus e os povos indígenas da América

Novo Mundo: termo criado pelos europeus para nomear as terras antes desconhecidas por eles, principalmente o continente americano. Nesse sentido, a Europa faria parte do "Velho Mundo".

Os relatos feitos pelos europeus sobre os primeiros contatos entre eles e os povos indígenas descrevem que houve curiosidade e encantamento dos nativos nesse momento. A visão dos europeus sobre esses povos e sobre o chamado Novo Mundo era bastante etnocêntrica, pois depreciava os valores e o modo de vida próprios da cultura indígena. Em muitos desses relatos, as populações nativas eram descritas como "bárbaras e selvagens", e os europeus portavam-se com superioridade diante delas, atribuindo-lhes papel inferior.

Em constante busca por riquezas, principalmente ouro e prata, os europeus deram início a um processo de conquista e de colonização do território, provocando profundas transformações no modo de vida da população nativa, além da morte de milhares de indígenas.

Já no início da ocupação, os espanhóis realizaram as primeiras expedições pelo território americano com o objetivo de conhecer as terras que deveriam ser conquistadas.

A queda e a conquista do Império Asteca

Em 1518, os espanhóis chegaram à região onde se localizavam as províncias do Império Asteca, atual região do México. Eles foram recebidos pelos nativos com presentes, entre os quais vários objetos de ouro, provocando grande interesse nos espanhóis em conquistar o território.

Ao tomarem conhecimento das riquezas dos astecas, os espanhóis empreenderam outras expedições à região. Uma delas, comandada por Hernán Cortés, em 1519, reuniu centenas de tripulantes, muitas peças de artilharia, além de cavalos, animais até então desconhecidos pelos nativos americanos.

▶ Mapa de Tenochtitlán, capital do Império Asteca. Esse foi o primeiro plano da cidade, produzido por Hernán Cortés, em 1520, e enviado ao rei da Espanha, Carlos V.

Sem saber das intenções dos espanhóis, o governante asteca Montezuma recebeu-os como visitantes, oferecendo-lhes alojamento em seu palácio. Aproveitando-se da confiança do governante, os espanhóis, então, deram início a uma série de ataques violentos contra os nativos, mas foram duramente reprimidos.

Após essa derrota, Hernán Cortés reorganizou suas tropas, armou um cerco contra Tenochtitlán e Montezuma foi assassinado. Apesar da superioridade populacional do Império Asteca, em 1521 ele chegou ao fim com o domínio dos espanhóis.

Imagem do *Códice Durán*, manuscrito produzido no século XVI que representa o massacre da população de Tenochtitlán efetuado pelos espanhóis.

Por que os espanhóis venceram?

Entre os vários fatores que favoreceram a vitória das tropas de Hernán Cortés estão o apoio de povos rivais dos astecas, que se tornaram aliados dos espanhóis, a superioridade bélica dos europeus e também a fome e as doenças que acometeram os nativos.

A conquista do Império Inca

A partir de 1520, os espanhóis realizaram várias expedições com o intuito de reconhecer o litoral antes de iniciar o processo de conquista do território pertencente ao Império Inca, então localizado na cordilheira dos Andes. Em 1531, a tropa liderada por Francisco Pizarro, formada por 180 homens fortemente armados, além de aproximadamente trinta cavalos, invadiu as terras incas.

Assim como aconteceu durante a conquista do México, os espanhóis estavam em considerável inferioridade numérica em relação aos nativos.

Nessa época, o Império Inca estava atravessando um período de conflitos internos e, além disso, os irmãos Atahualpa e Huáscar disputavam o trono. Atahualpa saiu vitorioso nessa disputa, tornando-se governante.

O poder do Império Inca ficou bastante fragilizado pela crise, permitindo que Pizarro se aproveitasse dessa situação para capturar Atahualpa, em 1532, na cidade de Cajamarca (no atual Peru). Para resgatá-lo, foi feito um acordo no qual os nativos tiveram de entregar grande quantidade de ouro e prata aos espanhóis. No entanto, desrespeitando esse acordo, as tropas de Pizarro executaram Atahualpa e apoderaram-se de Cajamarca.

A partir de então, apesar da forte resistência indígena, a conquista espanhola estendeu-se pelas demais regiões do Peru. Cusco, capital do Império, foi tomada no ano seguinte, mas somente em 1572, quando o último governante inca, Tupac Amaru, foi morto pelos invasores, os incas foram totalmente dominados.

A imagem acima representa o primeiro encontro de Pizarro com Atahualpa, em 1532. Ilustração que faz parte da obra do cronista Felipe Guamán Poma de Ayala, produzida no início do século XVII.

169

A administração das colônias

Após as guerras de conquista, os espanhóis iniciaram o processo de colonização das terras na América. Assim, o território espanhol foi dividido em **vice-reinos** (veja o mapa).

Em 1535, foi criado o Vice-Reino da Nova Espanha, englobando o território do atual México e de parte da América Central. Já o Vice-Reino do Peru, criado em 1542, incluía grande parte das colônias espanholas da América do Sul.

Cada um deles era governado por um vice-rei, maior autoridade colonial, responsável por assuntos administrativos, militares e religiosos. O vice-rei também exercia o papel de autoridade judicial nas *Audiencias*, que eram tribunais responsáveis por aplicar a justiça nas colônias.

As cidades maiores tinham ainda outro órgão importante, o *Cabildo*, responsável pela administração municipal e que geralmente era controlado pelos membros mais ricos da sociedade colonial.

Fonte: Jeremy Black. *World History Atlas*. Londres: Dorling Kindersley, 2005. p. 78-79.

A sociedade colonial

A sociedade espanhola colonial estava dividida em cinco grupos distintos e essa separação era baseada principalmente em aspectos étnicos.

Chapetones: eram os espanhóis que migraram para a América. Ocupavam os cargos administrativos mais importantes, eram donos de grandes fazendas e de minas e responsáveis pelo comércio entre as colônias e a metrópole.

Criollos: eram os descendentes de espanhóis nascidos na América. Também possuíam terras e minas, mas exerciam cargos inferiores aos dos *chapetones* na administração colonial. Com os *chapetones*, formavam a elite colonial.

Mestiços: eram filhos de espanhóis, ou de descendentes de espanhóis, com indígenas. Dedicavam-se a diferentes atividades, como o pequeno comércio, o artesanato e a administração de propriedades rurais.

Indígenas: grupo formado por grande variedade de povos nativos. A mão de obra desse grupo era utilizada nas minas, na agricultura e nas obras públicas.

Africanos e afrodescendentes escravizados: a presença deles foi mais comum no Caribe e em partes da América do Sul. Sua mão de obra foi utilizada principalmente na produção de açúcar e em atividades mineradoras.

Trabalho indígena

A mão de obra indígena foi predominante na maior parte da América espanhola. O trabalho forçado por meio da **mita** e da **encomienda** eram os mais comuns.

A *mita* era uma espécie de imposto pago pelos indígenas na forma de trabalho. Esse sistema já era utilizado pelos povos incas e foi adaptado pelos espanhóis, sendo amplamente empregado na mineração e nas obras públicas, principalmente no Vice-Reino do Peru. Por meio desse sistema, alguns indígenas eram retirados de suas comunidades e forçados a trabalhar em outra região da colônia. Eles recebiam apenas um pequeno pagamento em troca de seu trabalho e só podiam sair mediante autorização. Por causa das péssimas condições de trabalho e dos maus-tratos sofridos, milhares de indígenas submetidos a esse sistema morreram.

Na *encomienda*, era estabelecido um contrato entre um colono e a Coroa espanhola. O colono (o *encomendero*) podia explorar o trabalho ou cobrar tributos de uma comunidade indígena mediante o pagamento de taxas à Coroa. Por meio do contrato, o colono era responsável por vestir, alimentar e catequizar os indígenas explorados.

Representação da exploração do trabalho inca pelos colonizadores europeus. Gravura do início do século XVII, extraída do livro *A primeira nova crônica e bom governo*, do espanhol Felipe Guamán Poma de Ayala.

Influência da Igreja

Durante a colonização, diferentes ordens religiosas católicas foram responsáveis pela tarefa de catequizar os indígenas, exercendo importante papel na dominação dos povos nativos. A catequização enfraquecia os laços de identidade existentes entre os indígenas, pois procurava substituir sua cultura tradicional pela cultura europeia.

Em muitos aspectos, a atuação da Igreja foi contraditória. Em diversas ocasiões ela auxiliou a metrópole a controlar os indígenas e participou diretamente da exploração de sua mão de obra. Por outro lado, muitos membros da Igreja atuaram na defesa dos nativos, tentando proteger a vida deles e diminuir as crueldades praticadas pelos colonizadores.

Representação de um religioso catequizando indígenas na América espanhola. Gravura de artista desconhecido, produzida no século XIX.

Lendo

Relato histórico

É um gênero textual que tem por objetivo expor (por escrito ou oralmente) acontecimentos reais que ocorreram em um tempo passado. Os relatos históricos são importantes fontes de estudos, pois fornecem uma diversidade significativa de vozes, permitindo que episódios importantes da História sejam compreendidos por diferentes pontos de vista.

A dominação dos colonizadores espanhóis sobre Tenochtitlán, capital asteca, foi marcada por muita violência e cobiça. Parte da história dessa dominação foi escrita por Bernardino de Sahagún, missionário franciscano que viveu no México no século XVI. Durante aproximadamente trinta anos, ele escreveu a obra *História geral das coisas da Nova Espanha*, trabalho enciclopédico composto de doze livros sobre a história e a cultura do povo asteca, publicado entre 1575 e 1577. Essa publicação também ficou conhecida como *Códice Florentino*.

Os livros foram escritos com base em **relatos históricos** de indígenas que testemunharam a conquista espanhola. O trecho a seguir faz parte de um dos livros dessa obra de Bernardino de Sahagún e aborda a relação dos colonizadores espanhóis com Montezuma, governante asteca que os hospedou em seu palácio, logo após a chegada deles ao território.

Antes da leitura

1. Você já leu um relato histórico? Sobre qual tema ele tratava?
2. Com base no título, qual era a visão dos colonizadores espanhóis sobre os indígenas?
3. Como você imagina que os indígenas viam os colonizadores?

> **LEMBRE-SE!**
> Nas questões **2** e **3** você levantou hipóteses que serão confirmadas ou reelaboradas depois da leitura.

Durante a leitura

À medida que for lendo:

a) procure o significado das palavras que você não conhece em um dicionário, verificando o sentido de cada uma no contexto em que foram empregadas;
b) registre no caderno os principais acontecimentos relatados;
c) observe o que os espanhóis fizeram com os artigos de ouro dos astecas;
d) preste atenção ao ponto de vista dos indígenas registrado nesse relato histórico.

Pingente de ouro asteca do século XIV. Acervo do Museu Britânico, Londres, Inglaterra. Foto de 2010.

172

Os conquistadores mostram seu interesse pelo ouro

Quando os espanhóis instalaram-se, em seguida interrogaram Motecuhzoma a respeito dos recursos e reservas da cidade: as insígnias guerreiras, os escudos; muito procuravam e muito exigiam o ouro.

E Motecuhzoma rápido vai-lhes guiando. Vai cercado, acossado. Ele vai no meio, vai adiante deles. Vão-lhe comprimindo, vão-lhe acossando.

E quando chegaram à casa do tesouro, chamada Teucalco, tiram para fora todos os objetos feitos com plumas, como coletes de pluma de quetzal, escudos preciosos, discos de ouro, os colares dos índios, as lunetas para o nariz feitas de ouro, as correntes de ouro, pulseiras de ouro, os diademas de ouro.

Imediatamente foi despojado de todos os escudos de ouro, assim como todas as insígnias. E em seguida fizeram uma grande bola de ouro, e botaram fogo, incendiaram, queimaram tudo o que restava, por mais valioso que fosse: com o que tudo ardeu.

Quanto ao ouro, os espanhóis reduziram tudo a barras, e ficaram com todas as chalchihuites que acharam mais bonitas; mas todas as outras desse tipo de pedra ficaram para os tlaxcaltecas.

E andaram por todo lugar, andaram remexendo, reviraram a casa do tesouro, os depósitos, e apoderaram-se de tudo o que viram, de tudo que lhes pareceu bonito.

Bernardino de Sahagún. Em: Miguel León-Portilla. *A visão dos vencidos*: a tragédia da conquista narrada pelos astecas. Porto Alegre: L&PM, 1985. p. 77.

Pingente de ouro asteca do século XIV, encontrado no túmulo de um governante asteca. Foto de 2008.

Refere-se ao governante Montezuma (grafia adaptada à língua portuguesa).

Pedras preciosas de cor verde.

Povo que se tornou aliado dos espanhóis na invasão de Tenochtitlán.

Broche de ouro asteca do século XIV. Coleção particular. Foto de 2014.

Depois da leitura

1. Após a leitura do texto, você confirmou suas hipóteses sobre a visão que os indígenas tinham dos colonizadores?

2. De acordo com o relato histórico apresentado, como os espanhóis agiram em relação ao governante asteca Montezuma?

3. Que tipo de riquezas os espanhóis encontraram na Teucalco, a casa do tesouro, segundo esse relato?

4. Por que os relatos históricos são fontes importantes para o estudo da História?

5. Em sua opinião, qual a importância em mostrar a visão dos povos dominados sobre a história da conquista da América? Discuta com seus colegas e troquem ideias sobre o assunto. Por fim, baseando-se na discussão com os colegas, reflita se a sua opinião ainda é a mesma.

Os povos indígenas na atualidade

América Latina: região do continente americano que reúne países cujas línguas derivam do latim, como português, espanhol e francês. A América Latina engloba vinte países, entre eles o Brasil, a Argentina, o Peru, o Haiti e a Costa Rica.

Só é possível compreender a situação atual dos povos indígenas na América Latina se levarmos em consideração o processo histórico iniciado com a chegada dos colonizadores europeus ao continente. A violência e a exploração sofridas pelos indígenas, durante a conquista e nos anos seguintes, marcaram profundamente essas sociedades.

Hoje os indígenas constituem aproximadamente 8,3% da população da América Latina, com quase 45 milhões de indivíduos que representam mais de oitocentos povos e culturas diversas.

Esses povos enfrentam realidades diferentes em cada região. Em geral, muitos deles ainda lutam por melhores condições de vida e por direitos que lhes garantam mais dignidade ou mesmo para que os direitos já conquistados sejam cumpridos. Conheça a seguir um pouco mais sobre esses povos.

População indígena em alguns países da América Latina (2010)

País e ano do censo	População total	População indígena total	Percentagem de população indígena
Argentina, 2010	40 117 096	955 032	2,4
Brasil, 2010	190 755 799	896 917	0,5
Chile, 2012	16 341 929	1 805 243	11,0
Equador, 2010	14 483 499	1 018 176	7,0
México, 2010	112 336 538	16 933 283	15,1
Panamá, 2010	3 405 813	417 559	12,3
Paraguai, 2012	6 232 511	112 848	1,8
Venezuela, 2011	27 227 930	724 592	2,7

Fonte: Os Povos Indígenas na América Latina. CEPAL; ONU: Santiago, 2015. p. 41. Disponível em: <http://repositorio.cepal.org/bitstream/handle/11362/37773/S1420764_pt.pdf;jsessionid=FE1416D6F7426CCD8847E726FED0A32C?sequence=1>. Acesso em: 14 jun. 2016.

Indígenas Mapuche participando de uma marcha em Santigo, no Chile, por maior autonomia e liberdade às suas comunidades. Foto de 2004.

Mapuche

Os Mapuche são um povo indígena que vive atualmente no sul do Chile e da Argentina. Durante a colonização da América pelos espanhóis, esses indígenas os enfrentaram com forte resistência, conquistando a autonomia do território que ocupavam.

Ao longo do tempo, principalmente durante o século XX, parte dos territórios mapuches foi ocupada por latifundiários e por empresários que desejavam explorar economicamente a região. Hoje, os indígenas lutam pela devolução desses territórios ao seu povo.

Quéchua e Aimará

Dois dos maiores grupos de povos indígenas que habitam a América Latina são os Quéchua e os Aimará. A principal identidade desses grupos é a língua falada por eles.

Atualmente, o quéchua, antiga língua indígena adotada pelos incas, é falado por aproximadamente 11 milhões de pessoas de diferentes grupos étnicos, principalmente nos países onde é uma das línguas oficiais, como é o caso do Peru, da Bolívia e do Equador.

A língua aimará é falada por aproximadamente 2 milhões de pessoas, principalmente na Bolívia e no Peru.

Esses povos ainda lutam para ampliar e melhorar os serviços oferecidos pelo Estado aos indígenas, como saúde e educação.

Mulheres quéchuas trabalhando com um tear em Cusco, no Peru. Foto de 2011.

Povos descendentes dos maias

Aproximadamente 6 milhões de indígenas descendentes de povos maias vivem hoje em regiões da Guatemala, de Honduras, de Belize e do México. Muitos desses povos procuram preservar suas antigas tradições, embora também tenham incorporado parte da cultura dos colonizadores, como a crença no cristianismo. Apesar de ter havido fusão entre a religião maia e o cristianismo, as crenças de seus antepassados não foram abandonadas, sendo conservados muitos de seus costumes, modos de ver o mundo e rituais. Assim, uma das lutas desses povos é para que sua religiosidade seja respeitada e tenha espaço para se desenvolver.

Descendentes dos maias durante procissão religiosa na igreja de São Tomás, em El Quiche, Guatemala. Foto de 2015.

Para investigar

As representações da conquista

Os espanhóis produziram diversas imagens sobre os acontecimentos da época dos primeiros contatos com os indígenas. Além de retratos acerca do dia a dia asteca, por exemplo, eles produziram imagens que tratam da conquista, registrando a visão deles sobre os eventos que ocorreram nesse processo.

O primeiro contato entre indígenas e europeus foi representado em obras que ficaram conhecidas como **códices**. Uma dessas obras foi produzida pelo religioso espanhol Diego Durán, no século XVI. Observe abaixo a análise de uma das ilustrações do chamado *Códice Durán*. Ela representa como teria sido o encontro entre europeus e astecas.

- Hernán Cortés foi representado à frente dos espanhóis, em posição de liderança.
- Os astecas foram representados com vestes tradicionais e adereços na cabeça.

Gravura extraída do *Códice Durán*, produzido no século XVI, mostrando o encontro entre Hernán Cortés e Montezuma.

- **Arcabuz:** tipo de arma de fogo portátil, similar a uma espingarda.
- Além de armaduras, os espanhóis trouxeram armas, como arcabuzes e lanças.
- Os cavalos eram novidade para os astecas, pois na América não havia esses animais.
- De acordo com alguns estudos, a princípio, os astecas acreditaram que os europeus fossem mensageiros divinos. Por isso, na imagem estão entregando um presente aos espanhóis.

176

Agora, analise outra imagem presente na obra de Durán. Aproveite para compará-la ao códice da página anterior. Depois, responda às questões.

Gravura extraída do *Códice Durán*, produzido no século XVI, representando um embate entre espanhóis e astecas.

1. Observe a gravura acima, extraída do *Códice Durán*, e a representação das personagens. Copie o quadro a seguir no caderno e complete-o com informações correspondentes aos guerreiros representados. Você poderá descrever, por exemplo, as roupas, as armas, a postura e outros elementos que caracterizam cada um deles.

1	Militares espanhóis armados.	
2	Guerreiro asteca da ordem dos Jaguares.	
3	Guerreiro asteca da ordem das Águias.	

2. Com base na observação da gravura acima, levante hipóteses sobre a resistência dos materiais e tipos de armas utilizados pelos guerreiros espanhóis e astecas.

3. Os astecas aparecem armados na imagem da página anterior? Justifique sua resposta com base nos elementos representados.

4. Compare a imagem desta página com a da página anterior e descreva o modo como os espanhóis foram mostrados em cada uma delas.

5. Em sua opinião, a representação da relação dos astecas com os espanhóis alterou-se de uma imagem para a outra? Por quê?

6. As duas imagens desta seção constam na obra de um religioso espanhol. O que isso nos indica sobre o ponto de vista dessas representações?

177

Atividades

Organizando o conhecimento

1. Descreva como foi a expedição que deu início à destruição do Império Asteca.

2. Copie o quadro abaixo no caderno e complete os espaços com as informações sobre a divisão da sociedade colonial da América espanhola.

Grupos	Descrições
	Descendentes de espanhóis nascidos na América. Possuíam terras e minas, mas exerciam cargos inferiores na administração colonial.
Chapetones	
	Presentes principalmente no Caribe e em partes da América do Sul. Sua mão de obra foi utilizada sobretudo na produção de açúcar e na mineração.
	Grupo formado por grande variedade de povos cuja mão de obra foi utilizada nas minas, na agricultura e nas obras públicas.
Mestiços	

3. Produza um texto sobre a população indígena na América Latina atual.

Conectando ideias

4. A chegada dos espanhóis à América teve consequências marcantes para a população nativa. Formem grupos, **analisem** as informações do texto e respondam às questões.

> Para conseguir os 20 mil quilos de ouro, remetidos à Espanha [...], os espanhóis saquearam, mataram e roubaram. Os historiadores discutem o número de mortos, mas ninguém nega a tragédia. Se a ilha de São Domingos tinha 8 milhões de habitantes em 1492, em 1514 restavam 32 mil homens. Se o vale do México comportava 25 milhões de pessoas, no final do século não passava de 70 mil. Sessenta e oito por cento dos maias pereceram nas mãos dos espanhóis. A população do Peru, que em 1530 era calculada em 10 milhões, em 1560 caiu para 2,5 milhões. Um desastre demográfico.
>
> Os europeus dizimaram os construtores de uma civilização que em muitos aspectos superava a sua, desestruturaram um sistema produtivo que permitia a alimentação de milhões de pessoas, queimaram os avanços científicos transmitidos por gerações de americanos e, sobretudo, destruíram as possibilidades de um desenvolvimento autônomo.
>
> Enrique Peregalli. *A América que os europeus encontraram*. 13. ed. São Paulo: Atual, 1994. p. 6-7 (Coleção Discutindo a História).

a) Segundo o autor, o que motivou tantas mortes no território americano?

b) Como as civilizações maia, asteca e inca foram caracterizadas no texto?

c) Além das mortes de indígenas, quais são as outras consequências da conquista da América pelos espanhóis? **Reflita** sobre o tema com os colegas e **anote** no caderno a conclusão de vocês.

5. O papel dos intérpretes nativos foi decisivo para a comunicação entre espanhóis e astecas. O comandante Cortés, por exemplo, teve uma intérprete conhecida como Malinche. Com seu trabalho, Malinche permitiu que os espanhóis se comunicassem com outros líderes indígenas e conseguissem o apoio de grupos nativos que se consideravam inimigos dos astecas e que viam com "bons olhos" a queda do governante. **Leia** o texto e **analise** a imagem.

> Nessa época, a figura do intérprete ocupava um lugar importante entre os europeus, que se serviram de tradutores desde as primeiras incursões na América, e entre os nativos, que utilizavam indivíduos falantes de outro idioma para comunicar-se nesse grande mosaico linguístico que era a América. O aparecimento de Malinche serviu, nesse caso, para viabilizar a comunicação, selar alianças e promover a negociação entre Cortés e os povos contatados. Além do conhecimento do *náhuatl* [...], Malinche também entendia o discurso elaborado e a evocação das palavras apropriadas conforme a idade, o gênero e a posição social do interlocutor. [...]
>
> Maria Emília Granduque José. A imagem de Malinche pelas crônicas da conquista espanhola do México (século XVI). *Dimensões*, v. 29, 2012, p. 339. Disponível em: <www.periodicos.ufes.br/dimensoes/article/viewFile/5411/3997>. Acesso em: 14 jun. 2016.

Gravura extraída do *Códice Florentino*, do século XVI, mostrando um diálogo entre Cortés e Montezuma.

a) **Identifique** na imagem a figura de Malinche e **descreva** como ela foi representada.

b) Qual foi o papel desempenhado por Malinche no processo de conquista?

c) De acordo com o texto, qual era o diferencial de Malinche como intérprete?

6. (Uece) O processo de colonização da América Espanhola foi intenso e violento. Os espanhóis utilizaram largamente de agressividade, superioridade técnica militar, assim como de diferentes formas de exploração do trabalho indígena, sendo a *encomienda* a mais comum. Sobre a *encomienda* assinale o correto.

a) Constituía-se em forma de trabalho remunerado com algumas moedas de prata, proposta pelo rei da Espanha para a população indígena.

b) Era o direito de capturar indígenas, dado pelo rei aos *encomenderos*, que, em troca, deveriam proporcionar aos nativos educação cristã.

c) Constituía-se em trabalho compulsório temporário no qual o indígena trabalhava por um período e depois podia livremente deixar de prestar serviços para a coroa espanhola.

d) Era um acordo firmado entre espanhóis e líderes indígenas para fornecimento de mão de obra nas minas de prata.

179

CAPÍTULO 15

A América portuguesa

No contexto da expansão marítima europeia, a partir do século XV, os portugueses lançaram-se ao mar para expandir seu império em busca de novos territórios e riquezas, como especiarias e artigos de luxo.

Como vimos na unidade **6**, as especiarias eram muito valorizadas, pois além de terem uso culinário, conservando e dando sabor aos alimentos, também eram utilizadas na composição de vários medicamentos, ajudando a prevenir e a combater doenças.

A Coroa portuguesa, após a viagem de Vasco da Gama à Índia, enviou uma expedição marítima comandada por Pedro Álvares Cabral, com o intuito de estabelecer relações comerciais com o Oriente por meio da instalação de feitorias na cidade de Calicute.

Feitoria: entreposto comercial onde as mercadorias eram armazenadas e negociadas.

A chegada dos portugueses ao litoral do Brasil

A esquadra de Cabral, formada por treze embarcações, havia saído do porto de Lisboa, em Portugal, em 9 de março de 1500. Cabral tinha planejado chegar à cidade de Calicute, mas, ao longo da viagem, desviou-se da rota com a intenção de tomar posse de terras que fossem encontradas pelo caminho.

Em 22 de abril de 1500, portanto após mais de quarenta dias de viagem, os navegadores portugueses avistaram as terras que viriam a chamar de Vera Cruz e que hoje correspondem ao litoral sul do estado da Bahia.

Ao lado, *O desembarque dos portuguezes no Brasil ao ser descoberto por Pedro Álvares Cabral em 1500*, gravura feita pelo artista Alfredo Roque Gameiro, em cerca de 1900.

Os primeiros contatos entre os portugueses e os indígenas

Ao desembarcar no território do atual Brasil, os portugueses mantiveram os primeiros contatos com os indígenas pertencentes ao povo Tupiniquim que viviam no local.

Algumas de suas impressões sobre os nativos foram registradas na carta escrita por Pero Vaz de Caminha, escrivão da frota de Cabral. Conheça a seguir um trecho dessa carta.

> A feição deles é serem pardos, maneira de avermelhados, de bons rostos e bons narizes, bem feitos. Andam nus, sem cobertura alguma. Não fazem o menor caso de encobrir ou mostrar suas vergonhas; e nisso têm tanta inocência como em mostrar o rosto. Ambos traziam os beiços de baixo furados e metidos neles seus ossos brancos [...].
>
> Seus cabelos são lisos. E andavam tosquiados, de tosquia alta [...] de bom comprimento e rapados até por cima das orelhas. [...]
>
> Pero Vaz de Caminha. Em: Jorge Caldeira (Org.). *Brasil*: a história contada por quem viu. São Paulo: Mameluco, 2008. p. 27.

> Ao ler esse relato, você acha que os portugueses ficaram impressionados com os indígenas? Por quê?

Inicialmente, os portugueses não tiveram interesse em se estabelecer nessas terras, sendo os primeiros anos após o contato marcados pela extração de riquezas naturais encontradas nelas, como veremos mais adiante. Apesar de declarar a posse do território em nome do rei de Portugal, dez dias após os primeiros contatos eles reabasteceram suas embarcações com água potável e outros mantimentos e seguiram viagem em direção ao Oriente. Enquanto isso, uma das embarcações foi destacada para retornar a Lisboa e informar o rei sobre a novidade.

A exploração das riquezas

Um dos principais produtos explorados no território pelos portugueses foi o **pau-brasil**, madeira de grande valor comercial, matéria-prima utilizada na produção de um corante avermelhado, usado para tingir tecidos.

Os portugueses tiveram a ajuda dos indígenas, que extraíam a madeira do pau-brasil em troca de produtos que não conheciam, como machados, foices, facas e algumas peças de roupa. Esse tipo de comércio baseado em trocas de mercadorias ou serviços era conhecido como **escambo**.

As madeiras obtidas por meio do escambo eram cortadas, transportadas e armazenadas nas feitorias.

Representação de indígenas trabalhando na extração do pau-brasil. Gravura produzida por André Thevet, em 1575.

A colonização do território

O pau-brasil era extraído de territórios de exclusividade portuguesa; no entanto, no início do século XVI, os reis de outras nações europeias passaram a contestar a divisão estabelecida pelo Tratado de Tordesilhas (1494) e o monopólio português sobre a extração do pau-brasil.

Logo, outros exploradores, entre eles espanhóis, holandeses e, principalmente, franceses, passaram também a explorar esse recurso natural. Para combater a extração do pau-brasil por outros exploradores, a Coroa portuguesa enviou expedições marítimas, chamadas **guarda-costas**. Além disso, para garantir o controle de sua colônia americana, a Coroa iniciou a colonização do território conquistado.

Cena de batalha entre navios franceses e portugueses no litoral brasileiro. Gravura produzida por Theodore de Bry, em 1592.

A ocupação portuguesa no litoral

Ruínas do engenho de São Jorge dos Erasmos, construído em São Vicente, no ano de 1534. Esse é um dos mais antigos vestígios da presença portuguesa no Brasil. Foto de 2013.

A primeira expedição colonizadora foi enviada às terras que hoje formam o Brasil em 1532. Os colonos, liderados por Martim Afonso de Sousa, fundaram o primeiro núcleo de povoamento colonial, a vila de São Vicente, localizada no litoral do atual estado de São Paulo.

O açúcar era muito valorizado na Europa e rendia altos lucros à Coroa portuguesa, que já praticava o cultivo de cana-de-açúcar para a obtenção desse produto em algumas de suas colônias, como na ilha de Cabo Verde e na ilha da Madeira.

Assim, para explorar as terras na nova colônia e torná-las lucrativas para a Coroa, os portugueses instalaram engenhos açucareiros em São Vicente, pois o solo fértil e as condições climáticas favoráveis tornaram viável o cultivo da cana, além da possibilidade de uso de mão de obra indígena.

O sistema de capitanias hereditárias

Para organizar a ocupação e a administração da colônia, o governo português dividiu o território em 15 grandes lotes de terras, denominados **capitanias hereditárias**.

As capitanias hereditárias eram doadas pela Coroa portuguesa a membros da nobreza e a militares indicados pelo rei. Por ser hereditária, a administração das capitanias podia ser passada de geração para geração, no entanto continuavam sendo propriedade do governo.

Ao tomar posse de uma capitania, o donatário, ou seja, a pessoa que recebia a doação de terra, passava a ter uma série de direitos e de responsabilidades. Entre os direitos do donatário estavam: distribuir sesmarias aos colonos, administrar a cobrança de impostos, estabelecer as leis, julgar e aplicar as penalidades. Por outro lado, ele tinha o dever de defender militarmente o território, protegendo-o de invasores estrangeiros e de indígenas hostis. Além disso, o donatário deveria tornar e manter produtiva a capitania, enviando parte de seus rendimentos à Coroa.

Sesmaria: extensão de terra ainda não explorada pelos colonizadores. As sesmarias geralmente eram distribuídas entre os colonos ricos, com condições de mantê-las e torná-las produtivas.

As capitanias hereditárias sob nova perspectiva

No ano de 2013, o engenheiro brasileiro Jorge Cintra divulgou uma nova perspectiva sobre as capitanias hereditárias. De acordo com os estudos realizados por ele, a representação mais conhecida da divisão das capitanias, produzida por Francisco Adolfo de Varnhagen (1816-1878), seria incorreta.

Essa representação teria sido fruto de um erro de interpretação das cartas de doação expedidas pelo governo português no século XVI. Para Cintra, as divisões das capitanias da região norte devem ser feitas no sentido vertical, ou seja, baseadas nos meridianos, e não no sentido horizontal, que toma como base os paralelos.

Fonte: Jorge Pimentel Cintra. Reconstruindo o mapa das capitanias hereditárias. *Anais do Museu Paulista*, v. 21, n. 2, p. 11-45, jul./dez. 2013. Disponível em: <http://www.revistas.usp.br/anaismp/article/view/80840/84476>. Acesso em: 14 jun. 2016.

Capitanias hereditárias

Fonte: Sérgio Buarque de Holanda (Org.). *História Geral da Civilização Brasileira*. São Paulo: Difel, 1981. p. 101.

Capitanias hereditárias (proposta de Jorge Cintra)

O Governo-Geral

No decorrer dos anos, o sistema de capitanias hereditárias apresentou uma série de problemas, como o alto custo de manutenção e de proteção dos territórios, além da resistência dos indígenas à presença portuguesa.

Para garantir a posse, organizar e centralizar a administração da colônia, no ano de 1549, o governo português enviou Tomé de Sousa para estabelecer o Governo-Geral, com sede na cidade de Salvador, primeira capital da colônia, localizada no atual estado da Bahia.

Na sede do Governo-Geral foram criados cargos como o de ouvidor, que administrava assuntos relacionados à justiça; o de capitão-mor, responsável pela vigilância e proteção da costa litorânea; e o de provedor-mor, encarregado da cobrança de impostos.

Além disso, o governo português enviou missionários jesuítas para estabelecer contato com os indígenas e catequizá-los.

Gravura publicada em 1671 no livro de Arnoldus Montanus, mostrando a cidade de Salvador por volta de 1625.

As câmaras municipais

Um importante órgão da administração portuguesa foram as câmaras municipais das vilas e das cidades coloniais.

Subordinadas ao Governo-Geral, as câmaras municipais eram responsáveis pela conservação das vias públicas, pela fiscalização do comércio e pela realização de obras públicas, entre outras atribuições.

Essas câmaras eram administradas por juízes que supervisionavam e aplicavam a lei, pelos vereadores, que determinavam os impostos e fiscalizavam sua arrecadação, entre outros. Esses cargos eram ocupados, em geral, pelos **homens bons**, como eram chamados os membros da elite e grandes proprietários de terras.

Foto de 2013 mostrando o prédio da câmara municipal de Salvador, construído no século XVI.

As relações entre indígenas e portugueses

As primeiras relações entre portugueses e algumas sociedades indígenas foram marcadas essencialmente pela colaboração. No trabalho de extração do pau-brasil, por exemplo, como visto anteriormente, as trocas eram feitas por meio do escambo, beneficiando ambas as partes.

Além disso, foi com o auxílio dos indígenas em algumas tarefas, como a caça, a pesca e a coleta de alimentos, que os colonos puderam sobreviver no território.

No entanto, ao longo dos anos, as relações entre indígenas e europeus modificaram-se. No cultivo das primeiras lavouras de cana e na produção do açúcar, os indígenas foram forçados a trabalhar por longas e exaustivas jornadas, em situação degradante, sofrendo diversos tipos de castigos físicos e maus-tratos.

Mas os nativos não aceitaram passivamente a escravização imposta pelos portugueses e resistiram de diversas formas: recusando-se a trabalhar, destruindo e sabotando lavouras e engenhos de cana, enfrentando os colonizadores em conflitos armados, entre outras.

Indígenas xavantes enfrentando colonizadores europeus. Gravura do século XX, de Ron Embleton.

A atuação dos jesuítas

Com a instauração do Governo-Geral na colônia, os missionários jesuítas iniciaram um projeto de catequização dos indígenas, opondo-se à escravização deles. Os colonos construíram aldeamentos onde os jesuítas reuniam indígenas de diferentes etnias para convertê-los à fé católica, além de ensinar-lhes sua língua e seus costumes.

Apesar da forte oposição à escravização, as missões jesuíticas transformaram profundamente o modo de vida dos povos indígenas.

> Os jesuítas se empenharam em submeter os indígenas aos rigores do trabalho metódico, aos horários rígidos, ao latim e à monogamia. [...] e, assim, acabaram sendo responsáveis pela desestruturação cultural que empurrou para a extinção inúmeras tribos. Por outro lado, foi graças à ação evangélica que a língua e a gramática tupi acabaram sendo registradas e preservadas.
>
> Eduardo Bueno. *Brasil*: uma história: cinco séculos de um país em construção. São Paulo: Leya, 2010. p. 52;54.

Monogamia: forma de relacionamento em que uma pessoa mantém somente um parceiro, esposa ou marido.

Muitos indígenas passaram a lutar para manter seus costumes, suas tradições e sua religiosidade, exercendo uma resistência cultural sobre a dominação portuguesa. Diversos elementos da cultura indígena foram preservados, e, ainda hoje, possuem grande importância na manutenção de seu modo de vida e de sua identidade étnica e cultural.

+ Saiba mais

Ingleses e franceses na América

A partir do século XVI, os ingleses e os franceses também passaram a participar de expedições marítimas em busca de novos territórios. Após algumas tentativas frustradas de ocupação das terras que hoje fazem parte da América do Norte, eles conseguiram fundar nelas colônias e passaram a ocupar sistematicamente o território.

Com isso, muitos europeus migraram para essas regiões. Para os ingleses que seguiam a doutrina calvinista, a vida na América era uma alternativa às perseguições políticas e religiosas que sofriam na Europa.

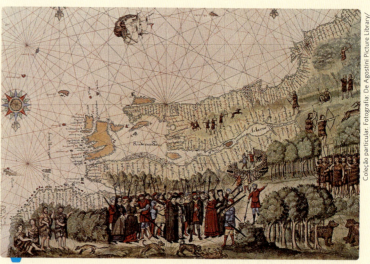

Acima, ilustração que faz parte de um dos mapas do atlas de Nicholas Vallard, publicado em 1546. Na imagem, vê-se o desembarque de colonizadores franceses na região norte da América.

Além disso, membros da pequena burguesia, comerciantes e camponeses também participaram dessa ocupação, visando melhores condições de vida e novas possibilidades de trabalho.

Durante esse processo de colonização da atual América do Norte, centenas de povos, como os *cherokees* e os *sioux*, que habitavam a região, tiveram o modo de vida afetado pela ocupação europeia. Além do massacre provocado pelas guerras de conquista, os colonizadores trouxeram muitas doenças, dizimando essa população.

> **Pirata:** nesse caso, navegador que ataca e rouba navios e povoados costeiros.

Piratas e corsários na América do Sul

A presença inglesa e francesa também foi marcante na América do Sul. Após o estabelecimento das colônias portuguesas e espanholas no continente americano, França e Inglaterra passaram a questionar a divisão de terras oficializada pelo Tratado de Tordesilhas e organizaram expedições marítimas para explorar territórios na América.

No final do século XVI, piratas ingleses e franceses passaram a atacar embarcações ibéricas e entrepostos comerciais no litoral das colônias.

Muitos desses saqueadores eram contratados pelo próprio governo inglês e francês, como os corsários. Eles eram chamados assim porque recebiam as "cartas de corso", que lhes concediam autorização para viajar e atacar embarcações mercantis inimigas.

Gravura de autoria desconhecida que representa o pirata inglês conhecido como Barba Negra, que teria navegado em regiões da costa americana.

186

A organização das colônias

Ao se estabelecerem na América, ao longo dos séculos XVII e XVIII, ingleses e franceses formaram diversas colônias. Diferentemente do que ocorreu com os domínios de Portugal e da Espanha, essas colônias eram governadas por líderes locais e desenvolveram maior autonomia política e administrativa em relação aos reinos europeus.

Observe no mapa abaixo mais informações sobre a presença inglesa e a presença francesa na América.

Ingleses e franceses na América (séculos XVII-XVIII)

Entre os anos de 1607 e 1733, os ingleses fundaram na costa leste da América do Norte atual as **Treze Colônias**, que hoje correspondem a parte dos Estados Unidos. Essas terras foram divididas em Colônias do Norte e Colônias do Sul, por causa das diferenças climáticas, das formas de trabalho e dos produtos cultivados.

Após diversas tentativas, em 1608, os franceses estabeleceram a primeira colônia bem-sucedida na atual América do Norte, Quebec, na chamada **Nova França**, no atual Canadá. Em 1682, os franceses também dominaram terras a oeste das Treze Colônias inglesas, que ficaram conhecidas como Luisiana.

Além dos ingleses e dos franceses, os holandeses também se estabeleceram na América do Norte atual, na Colônia **Nova Amsterdã**, fundada em 1625. Essa região atualmente corresponde à cidade de Nova York.

Fonte: Jeremy Black. *World History Atlas*. Londres: Dorling Kindersley, 2005. p. 127.

As atuais América do Sul e América Central também tiveram algumas regiões ocupadas por ingleses e franceses. A partir do século XVII, as **Guianas** e as **Antilhas**, por exemplo, foram exploradas principalmente pela possibilidade do cultivo de produtos tropicais, como a cana-de-açúcar.

No Brasil, houve tentativas de colonização francesa na atual região do Rio de Janeiro em 1555, na chamada **França Antártica**.

No início do século XVII, os franceses estabeleceram a **França Equinocial**, uma colônia no atual estado do Maranhão, que deu origem à cidade de São Luís. Os franceses foram expulsos pelos portugueses em 1615.

Atividades

Organizando o conhecimento

1. O que motivou a Coroa portuguesa a estabelecer colônias no atual território brasileiro, após 1530?

2. Quais eram os direitos e as responsabilidades dos donatários ao tomarem posse de uma capitania?

3. Cite três formas de resistência indígenas às tentativas de dominação dos colonizadores portugueses.

Conectando ideias

4. Durante o século XVI, diversas expedições francesas foram organizadas ao litoral brasileiro. O francês Jean de Léry (1534-1611) escreveu o livro *Viagem à terra do Brasil*, que fala sobre o período em que ele esteve em uma dessas expedições. Em uma das passagens do livro, Jean relata uma conversa que teve com um indígena. Mesmo tendo sido escrito pelo francês, o relato demonstra a visão que o indígena tinha sobre a exploração econômica empreendida pelos europeus. **Leia** a seguir um trecho desse relato e, depois, responda às questões.

> Os nossos tupinambás muito se admiram de os franceses e outros estrangeiros se darem ao trabalho de ir buscar seu *arabutã* (pau-brasil). Uma vez um velho perguntou-me: "Por que vindes vós outros, *mairs* e *perôs* (franceses e portugueses) buscar lenha de tão longe para vos aquecer? Não tendes madeira em vossa terra?" Respondi que tínhamos muita mas não daquela qualidade, e que não a queimávamos, como ele supunha, mas dela extraíamos tinta para tingir, tal qual o faziam eles com seus cordões de algodão e suas plumas.
>
> Retrucou o velho imediatamente: "E porventura precisais de muito?". "Sim", respondi-lhe, "pois no nosso país existem negociantes que possuem mais panos, facas, tesouras, espelhos e outras mercadorias do que podeis imaginar e um só deles compra todo o pau-brasil com que muitos navios voltam carregados". "Ah!", retrucou o selvagem, "tu me contas maravilhas", acrescentando depois de bem compreender o que eu lhes dissera: "Mas esse homem tão rico de que me falas não morre?". "Sim", disse eu, "morre como os outros".
>
> Mas os selvagens são grandes discursadores e costumam ir em qualquer assunto até o fim, por isso, perguntou-me de novo: "E quando morrem, para quem fica o que deixam?". "Para seus filhos, se os têm", respondi. "Na falta destes, para os irmãos ou parentes mais próximos". "Na verdade", continuou o velho, que, como vereis, não era nenhum tolo, "agora vejo que vós outros *mairs* sois grandes loucos, pois atravessais o mar e sofreis grandes incômodos, como dizeis quando aqui chegais, e trabalhais tanto para amontoar riquezas para vossos filhos ou para aqueles que vos sobrevivem! Não será a terra que vos nutriu suficiente para alimentá-los também? Temos pais, mães e filhos a quem amamos; mas estamos certos de que depois de nossa morte a terra que nos nutriu também os nutrirá, por isso descansamos sem maiores cuidados".
>
> Jean de Léry. Viagem à terra do Brasil. Em: Jorge Caldeira (Org.). *Brasil*: a história contada por quem viu. São Paulo: Mameluco, 2008. p. 91-92.

a) Segundo Jean de Léry, por que os europeus vinham de longe para buscar o pau-brasil?

b) Na visão do indígena, por que era estranha a ideia de os europeus viajarem de tão longe para explorar o atual território brasileiro?

c) Converse com seus colegas sobre a diferença entre o pensamento dos europeus e dos indígenas. Depois, **escreva** um pequeno texto sobre as informações comentadas.

5. Analise a tira a seguir e depois responda às questões.

Alexandre Beck. Armandinho e o dia do Índio. *Jornal GGN*, 20 abr. 2015. Disponível em: <http://jornalggn.com.br/noticia/armandinho-e-o-dia-do-indio>. Acesso em: 14 jun 2016.

a) Em que ambiente está o garoto da tira? Que elementos representados na história fornecem essa informação?

b) De acordo com a abordagem da tira, com base em que ponto de vista foi explicada a história da chegada dos portugueses ao Brasil?

c) Em sua opinião, por que é importante considerar diferentes pontos de vista ao estudar História?

Verificando rota

Quais temas desta unidade chamaram mais sua atenção? Escreva um pequeno texto sobre o tema que você achou mais interessante e, depois, converse sobre ele com um colega de sala. Após falar sobre o tema que você escolheu, ouça o que seu colega tem a dizer sobre o assunto que ele considerou mais interessante.

Para finalizar, procure responder:
- Você teve alguma dúvida ou dificuldade para estudar os conteúdos da unidade? Quais? Como conseguiu resolvê-las?
- Você buscou informações extras sobre os temas estudados em outros meios, como livros, revistas, jornais e em páginas da internet, por exemplo? De que maneira essas informações ajudaram ou podem ajudá-lo?
- O estudo desta unidade contribuiu para que você compreendesse melhor a história da colonização da América? Justifique.

Ampliando fronteiras

Os estudos naturalistas

Você sabia que na América existiam inúmeras espécies de animais e de plantas desconhecidas pelos europeus que colonizaram o continente a partir do século XVI? No início da colonização, a fauna e a flora do território americano chamaram a atenção de alguns estudiosos, que organizaram expedições para descrever e registrar o que consideravam "exótico", ou seja, diferente do que estavam acostumados.

Normalmente, nos registros das espécies novas havia o nome do organismo em língua indígena, detalhes sobre o formato do animal ou da planta, comparações com os modelos conhecidos pelos europeus, além de informações sobre a possível utilidade que aquela nova espécie teria para os seres humanos. Veja um exemplo.

Nhanduguaçu, em desenho de Albert Eckhout, cerca de 1650.

> [...] Nhanduguaçu (termo indígena), Ema (português). Encontram-se aqui essas aves, de grande tamanho, embora um pouco menores que as africanas. Suas pernas são longas [...] Os pés possuem três dedos dianteiros [...]. É encontrada em grande número, nos campos da capitania de Sergipe e Rio Grande, mas não em Pernambuco; sua carne é boa para se comer. [...]
>
> George Marcgraf. Em: *Sertões Adentro*: viagens nas caatingas – séculos XVI a XIX. Rio de Janeiro: Andrea Jakobsson, 2012. p. 92.

A expedição de Marcgraf

Um dos primeiros naturalistas a participar de expedições ao interior do território brasileiro foi o holandês George Marcgraf (1610-1644). Seus desenhos e anotações realizados em expedições ao interior do Nordeste brasileiro foram levados para a Europa e publicados na obra *História Natural do Brasil*.

Com base na divulgação do trabalho dos naturalistas, espécies da fauna, como o tatu e a capivara, e da flora, como a aroeira e o camará, até então desconhecidas pelos europeus, passaram a ser pesquisadas, favorecendo a produção de medicamentos e o desenvolvimento de novos tratamentos de saúde.

1. Como eram as descrições da fauna e da flora brasileiras feitas pelos europeus?

2. Explique a importância dos estudos naturalistas para a época.

3. Como vimos, no século XVII, havia grande empenho dos pesquisadores para catalogar os conhecimentos acerca das plantas e dos animais descobertos. No decorrer do tempo, houve a destruição de muitos hábitats, levando a comunidade científica a se preocupar com a preservação da biodiversidade do planeta. De acordo com o Relatório Planeta Vivo de 2014, produzido pela Rede WWF, a população de animais vertebrados diminuiu 52% entre 1970 e 2010.

    a) Você conhece alguma espécie de animal ou de planta que esteja em risco de extinção? Converse sobre isso com seus colegas e faça anotações no caderno.

    b) Grande parte do trabalho dos biólogos e dos botânicos da atualidade consiste em buscar alternativas para que a biodiversidade seja preservada. Você conhece algum projeto que atue com esse objetivo? Forme grupos com os colegas e façam uma pesquisa para descobrir isso. Ao encontrar as informações, vocês devem produzir cartazes sobre o projeto e os objetivos de sua atuação. Depois, façam uma exposição dos cartazes na sala de aula.

Esta ilustração é uma representação artística produzida com base em: Carl Friedrich Phillipp von Martius. *Lagoa das Aves, no Rio São Francisco*, nanquim sobre tela produzido por volta de 1830.

UNIDADE

8

O Brasil colonial

Em meados do século XVI, os engenhos de açúcar ganharam importância na economia colonial portuguesa desenvolvida na América.

Foi nesse período que pessoas de diversas etnias começaram a ser trazidas da África para a Colônia, para trabalhar nos engenhos na condição de escravos. Esses povos, no entanto, resistiram intensamente à escravidão.

As contribuições dos africanos e afro-brasileiros para a formação do povo brasileiro, assim como da nossa cultura, são marcantes, como podemos perceber até hoje.

Agora vamos estudar...
- a escravidão colonial;
- o desenvolvimento dos engenhos de açúcar;
- a resistência à escravidão;
- aspectos da sociedade no Brasil colonial;
- a presença dos holandeses no Brasil;
- a expulsão dos holandeses.

Apresentação de Congada, na cidade de Guaratinguetá (SP). Foto de 2012.

Iniciando rota

1. Você conhece a manifestação cultural retratada na imagem? Observe algumas características e as vestimentas dos participantes.

2. Em sua opinião, de que forma as manifestações culturais se relacionam com a História do Brasil?

3. No lugar onde você mora ocorrem festas ou outras manifestações culturais no espaço público? Quais? Onde? Explique.

193

CAPÍTULO 16
A escravidão e a produção colonial

Desde o início do século XV, os portugueses mantinham relações comerciais com povos africanos, negociando pessoas escravizadas e produtos como metais, pedras preciosas, tecidos, joias, ferramentas e armas.

A mão de obra escravizada africana era utilizada pelos portugueses em várias de suas colônias, como em Açores e na ilha da Madeira. Na segunda metade do século XVI, pessoas de diversas etnias da África passaram a ser trazidas para a Colônia portuguesa da América, na condição de escravizados, para trabalhar nas lavouras de cana-de-açúcar e nos engenhos de açúcar instalados principalmente no litoral da atual Região Nordeste, como veremos mais adiante.

Litogravura produzida no século XIX, de autoria desconhecida, que representa homem escravizado carregando um fardo de cana-de-açúcar.

O tráfico humano

Com o crescimento da economia açucareira por volta de 1570, na atual Região Nordeste, houve maior necessidade de mão de obra, fato que aumentou o número de pessoas escravizadas trazidas para a Colônia. Acompanhe a seguir a trajetória dessas pessoas até o Brasil.

Os chamados pombeiros capturavam pessoas no interior da África e as levavam até as feitorias, onde ficavam aprisionadas. Gravura criada pelo artista francês A. Neville (1835-1885) no século XIX.

Nas feitorias, as pessoas escravizadas eram vendidas e embarcadas nos chamados **navios negreiros**. *Negros no fundo do porão*, gravura de Johann Moritz Rugendas (1802-1858), produzida em 1835.

Uma atividade lucrativa

A utilização da mão de obra escravizada foi altamente lucrativa para a Coroa portuguesa. Além de promover a produtividade das colônias, a Coroa lucrava com a cobrança de impostos sobre o comércio de escravos.

Os **traficantes de escravos**, também conhecidos como **negreiros**, eram responsáveis por trazer os cativos da África para a América. Na costa africana, os negreiros trocavam diversas mercadorias de pouco valor para os europeus, como aguardente, tabaco e produtos têxteis, por pessoas escravizadas. Na América, elas eram vendidas a preços elevados ou trocadas por mercadorias coloniais de grande valor, como metais e pedras preciosas.

> **Alfândega:** local geralmente situado em região de fronteira, onde é feito o controle de entrada e de saída de mercadorias, além da cobrança de taxas referentes a essa movimentação.

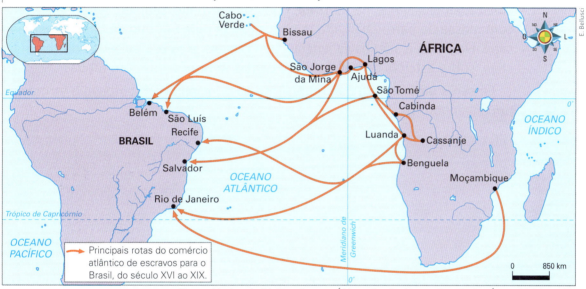

Comércio atlântico de escravos (séculos XVI-XIX)

Fonte: Marina de Mello e Souza. *África e Brasil africano*. São Paulo: Ática, 2006. p. 82.

Ao chegarem à Colônia, os escravizados eram desembarcados e conduzidos até a alfândega. Depois de registrá-los, os traficantes pagavam os impostos e os levavam aos mercados para serem vendidos. *Desembarque*, litografia de Rugendas, 1835.

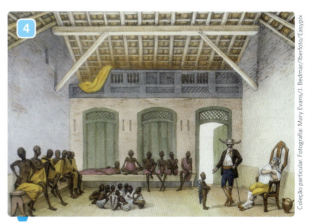

Nos mercados, os escravizados eram exibidos aos compradores. Os preços variavam de acordo com a idade, o tipo físico, o sexo, entre outros fatores. Muitas famílias eram separadas quando algum de seus membros era vendido. *Mercado de escravos do Valongo*, litogravura do século XIX do artista francês Jean-Baptiste Debret (1768-1848).

195

O engenho açucareiro

Muitas pessoas escravizadas compradas nas cidades costumavam ser enviadas para trabalhar nas propriedades açucareiras, onde era plantada a cana e produzido o açúcar.

Engenho era o nome dado ao equipamento utilizado para moer a cana e extrair seu caldo. Com o passar do tempo, esse termo passou a ser utilizado para denominar toda a propriedade açucareira.

O dono da propriedade açucareira era conhecido como **senhor de engenho**, e sua residência era a **casa-grande**, onde ele, sua família, alguns agregados e os escravizados que realizavam serviços domésticos moravam.

Após longas e extenuantes jornadas de trabalho, a maioria das pessoas escravizadas alojava-se na **senzala**, construção muito simples, geralmente feita com massa de barro chamada taipa e coberta com um tipo de capim chamado sapê. Na senzala, não havia janelas nem móveis, e os escravizados dormiam no chão, sobre esteiras de palha ou em camas improvisadas com tábuas.

Observe uma pintura que representa os principais elementos que formavam um engenho.

> **Agregado:** nesse sentido, é uma pessoa que mora com a família do senhor de engenho.

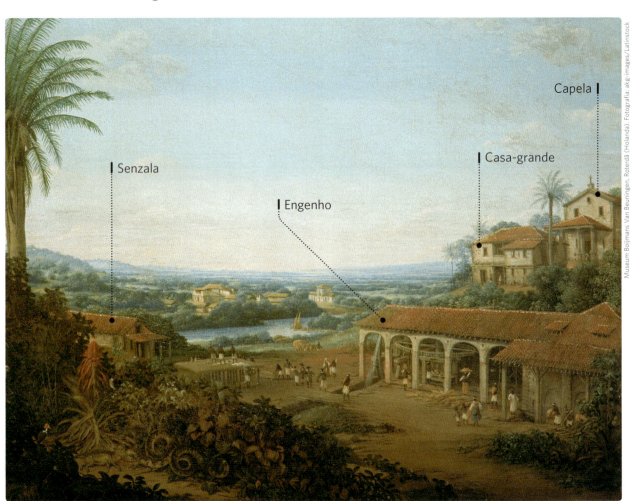

Óleo sobre madeira do pintor holandês Frans Post (1612-1680) intitulado *Paisagem com plantação (O Engenho)*, produzido em 1668. Acervo do Museu Boijmans Van Beuningen, Roterdã, Holanda. Foto de 2015.

O valioso açúcar

De origem asiática e difundido na Europa pelos árabes desde a Idade Média, o açúcar era um produto caro, usado para presentear reis e vendido como artigo medicinal, por exemplo.

No século XVI, com o aumento da produção na Colônia, ele passou a ser um produto bem mais acessível e amplamente consumido na Europa. No Brasil, o início do plantio de mudas de cana-de-açúcar e a construção dos primeiros engenhos ocorreram em 1532. O solo fértil de massapê da região litorânea do nordeste da Colônia contribuiu para o aumento da produção. No início do século XVII, já havia aproximadamente 230 engenhos instalados no Brasil.

> **Massapê:** tipo de solo argiloso, escuro e muito fértil.

Nas grandes propriedades rurais, as plantações de cana foram organizadas sob o **sistema de monocultura**, isto é, voltavam-se para a produção em larga escala e exportação de um único produto. Para garantir os altos lucros com a produção colonial do açúcar, os portugueses exerciam o **monopólio comercial**, ou seja, tinham exclusividade de realizar negócios na Colônia. Veja a seguir as etapas de produção do açúcar.

Após o plantio e a colheita, a cana era levada até as moendas em carros de boi. Na moenda, era feita a extração do caldo da cana.

O caldo da cana era cozido na fornalha sob a supervisão do mestre do açúcar. Depois de horas no fogo, formava-se o melaço.

O melaço era depositado em formas de barro para a purgação (purificação) até que se solidificasse.

O açúcar era retirado das formas e separado. No processo de purgação, formava-se um açúcar com purezas diferentes: o claro, o mascavo e o escuro.

Depois de seco ao sol e embalado, o açúcar era transportado até o porto, de onde era embarcado para a Europa.

> Atualmente, em quais situações o açúcar é utilizado no dia a dia das pessoas?

197

Os trabalhadores do engenho

O bom funcionamento de um engenho exigia a participação de inúmeros trabalhadores para a execução de diversas atividades.

No processo de produção do açúcar, os **escravizados** realizavam os trabalhos mais pesados e que exigiam grandes esforços físicos. Assim, eles geralmente se dedicavam ao trabalho nas lavouras de cana, nas moendas e nas fornalhas.

Além dos escravizados, que constituíam a principal e mais numerosa mão de obra nos engenhos, havia também a participação dos **trabalhadores livres**, que exerciam funções especializadas no processo de produção do açúcar. Veja a seguir algumas dessas funções.

- Os **purgadores** eram responsáveis pelo processo de clareamento do açúcar.
- Os **mestres do açúcar** verificavam a qualidade e o ponto adequado do melaço.
- Os **feitores** eram os que supervisionavam o trabalho dos escravizados e conduziam a organização das etapas de produção do açúcar. Eles eram responsáveis também, em grande parte, por aplicar os castigos nos escravizados considerados insubmissos.
- Para dar suporte à produção açucareira, o engenho tinha ainda o trabalho dos **artesãos**, que desempenhavam funções como as de carpinteiros e de ferreiros, garantindo a manutenção das ferramentas e dos instrumentos de trabalho.

Uma parte das terras do engenho devia ser destinada às roças de mandioca. A farinha de mandioca, obtida por meio de técnicas indígenas, constituía a base da alimentação dos trabalhadores do engenho, tanto dos escravizados quanto das pessoas livres. Ao lado, escravizados trabalhando na produção da farinha de mandioca enquanto são fiscalizados por um feitor. Gravura feita por Johann Moritz Rugendas, em 1835.

> **Terra arrendada:** porção de terra cujo direito de uso e de permanência podia ser obtido provisoriamente, mediante o pagamento de uma taxa ao proprietário da terra.

Os lavradores

Nem todas as plantações de cana-de-açúcar na Colônia pertenciam aos senhores de engenho. Havia, também, um grupo de trabalhadores conhecidos como **lavradores livres**, que possuíam plantações, mas não os equipamentos para produzir o açúcar. Assim, por meio de negociações e de acordos com os senhores de engenho, eles podiam vender a cana que cultivavam ou utilizar a estrutura do engenho para produzir o açúcar.

Havia também os **lavradores obrigados**, que viviam em terras arrendadas e só tinham condições de cultivar a cana naquele local.

198

A resistência à escravidão

Os diversos povos africanos trazidos ao Brasil como escravizados e seus descendentes resistiram de várias maneiras ao regime de escravidão e às péssimas condições a que foram submetidos. Eles procuraram manter, ao longo do tempo, sua dignidade, sua cultura e seu modo de vida.

A resistência era realizada de forma individual ou coletiva. Individualmente, os escravizados podiam fugir, quebrar ferramentas, trabalhar em ritmo mais lento que o de costume, entre outras práticas. Quando agiam de modo coletivo, promoviam rebeliões, boicotes, sabotavam o engenho, queimavam plantações, planejavam grandes fugas, etc.

Além disso, os africanos escravizados resistiam preservando as tradições culturais de seu lugar de origem, como danças, cantos e rituais religiosos, mesmo quando eram proibidos de praticá-los.

Dança de escravos, aquarela do artista Carlos Julião (1740-1811), produzida em 1775, que representa mulheres escravizadas dançando e tocando instrumentos musicais.

Os quilombos

Uma das principais formas de resistência à escravidão foi a fuga de escravizados e a formação de agrupamentos que ficaram conhecidos como **quilombos**. Esses locais chegaram a abrigar também indígenas e brancos pobres.

Normalmente, os quilombos situavam-se em locais de difícil acesso para dificultar as buscas pelos foragidos. Os **quilombolas**, como foram chamados os moradores de quilombos, cultivavam os próprios alimentos e criavam animais. Muitas vezes, o excedente era comercializado com as comunidades vizinhas.

Um dos maiores quilombos foi o de Palmares, localizado no interior do atual estado de Alagoas. Estima-se que mais de 20 mil pessoas tenham vivido em Palmares, sob a liderança de Zumbi dos Palmares. Após resistir por anos aos ataques organizados pela Coroa portuguesa, Palmares foi destruído no final do século XVII.

Zumbi foi um dos principais líderes do quilombo dos Palmares. A data de sua morte, 20 de novembro (de 1695), foi instituída como o **Dia da Consciência Negra**. Acima, estátua em bronze feita pela artista Márcia Magno, representando Zumbi, na cidade de Salvador (BA). Foto de 2008.

> O que você sabe sobre o Dia da Consciência Negra? Converse com os colegas sobre o significado dessa data.

Valores em ação

A luta pela dignidade

No período colonial, a população escravizada de origem africana era submetida a péssimas condições de vida e de trabalho. As jornadas diárias nos engenhos eram extensas e desgastantes. Em casos de insubordinação, as punições aplicadas aos escravizados eram violentas e desconsideravam a condição humana dessa população.

Contudo, mesmo nessas circunstâncias, os escravizados lutavam diariamente por sua **dignidade**. Esse valor está ligado à forma como somos tratados. Ser tratado com dignidade significa ser valorizado, ter sua integridade física, sua cultura, sua personalidade e outras características respeitadas.

Mas, afinal, de que maneira os escravizados podiam lutar para manter sua dignidade diante das imposições às quais eram submetidos?

De acordo com o antropólogo Kabengele Munanga e a pedagoga Nilma Lino Gomes, no livro *O negro no Brasil hoje*, de 2006, além das diferentes formas de resistência individual e coletiva, os grupos escravizados passaram, cada vez mais, a pressionar os senhores por condições dignas de vida, cobrando o fim de abusos como castigos físicos e longas jornadas de trabalho. Os trabalhadores escravizados exigiam também a melhoria na alimentação e no vestuário, remuneração pelo trabalho realizado na terra dos senhores e a independência para a manutenção das próprias roças e do comércio do que produziam.

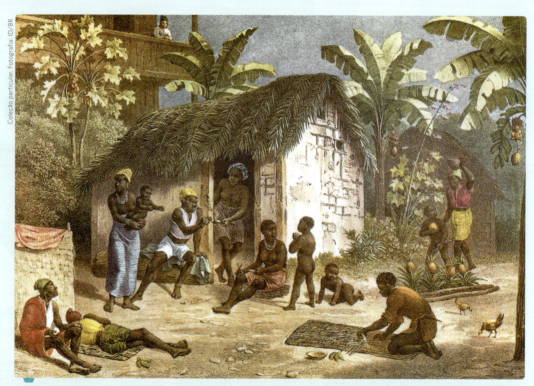

As pessoas escravizadas foram representadas nessa imagem em uma cena de convivência, em que estão conversando, descansando, produzindo objetos artesanais e brincando. Essa convivência contribuía para manter a dignidade dos escravizados e era frequentemente reivindicada, seja por meio de lutas, seja por meio de negociações. Gravura de Rugendas intitulada *Habitação de negros*, produzida em 1835.

A questão afrodescendente hoje

Com o fim da escravidão, a luta dos afrodescendentes pela dignidade ampliou-se. Muito mais que melhores condições de vida, atualmente essa luta envolve também a busca pela igualdade de direitos e de oportunidades entre negros e brancos, em uma reivindicação permanente contra o racismo.

No Brasil, grande parte dos afrodescendentes recebe salários menores quando comparados aos da população que se autodenomina branca. Em 2015, a média salarial dos negros correspondia a 59,2% da média salarial dos brancos. Além disso, a participação dos afrodescendentes em cargos de liderança ou considerados de prestígio no mercado de trabalho ainda é pequena.

Para compreender melhor esse cenário socioeconômico contemporâneo, observe e interprete o gráfico a seguir.

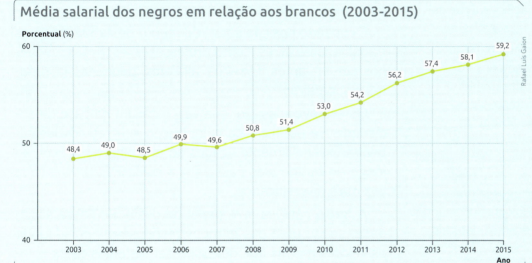

Fonte: Diretoria de Pesquisas, Coordenação de Trabalho e Rendimento (IBGE/DPE/COREN). *Pesquisa mensal de emprego (PME)*: um retrato do mercado de trabalho. Rio de Janeiro: IBGE/DPE/COREN, 28 jan. 2016. p. 45.

1. No período colonial, de que forma os escravizados lutavam por sua dignidade? Cite exemplos.

2. Vimos que, no dia a dia, há momentos em que precisamos lutar por dignidade, principalmente se fazemos parte da população afrodescendente e se ainda sofremos com o racismo. De que maneira você acha que podemos lutar por dignidade?

3. Com base na análise do gráfico acima, responda às questões.

    a) Em 2003, de quanto era a diferença de renda dos negros em relação aos brancos?

    b) É possível afirmar que a desigualdade de renda entre brancos e negros tem diminuído ou aumentado com o passar dos anos? Como você chegou a essa conclusão?

    c) Em que ano a média salarial dos negros passou a ser de mais da metade da média dos brancos? Isso foi há quantos anos?

A sociedade colonial

A sociedade colonial estava dividida em categorias bem definidas, principalmente entre os séculos XVI e XVII, período em que a produção açucareira representou a atividade econômica mais lucrativa e importante da Colônia.

Nesse período, a economia baseava-se, sobretudo, na produção agrícola voltada para a exportação, organizada em grandes propriedades rurais, chamadas latifúndios, e na utilização de mão de obra escravizada. Dessa maneira, os grandes proprietários rurais descendentes de portugueses estavam entre os membros mais poderosos da sociedade, e somente eles podiam ocupar cargos públicos.

> **O mercantilismo**
>
> Entre os séculos XV e XVIII, a economia das nações europeias era baseada no mercantilismo.
>
> As práticas mercantilistas estavam fundamentadas no princípio do fortalecimento econômico do Estado. Dessa forma, as nações europeias buscavam acumular riquezas, garantindo o protecionismo estatal na economia. Com esse objetivo, a metrópole portuguesa procurou durante o período colonial explorar ao máximo os recursos naturais, assim como a produção agrícola voltada para a exportação, em sua Colônia na América.

Os grandes comerciantes, que se dedicavam em especial às exportações, não possuíam o mesmo prestígio que os latifundiários, por isso, muitos deles, após enriquecer, compraram terras e engenhos.

Ocupando posição social de menor destaque, havia os trabalhadores livres, como professores, escrivães, pequenos comerciantes, ferreiros, alfaiates, pequenos lavradores e sapateiros.

Os escravizados, por sua vez, estavam na base da sociedade. Se no início da colonização suas atividades estavam essencialmente ligadas ao engenho de açúcar, ao longo do tempo eles passaram a realizar trabalhos cada vez mais diversificados.

A Igreja católica teve papel de destaque nessa sociedade, sendo uma das grandes responsáveis por difundir os valores morais que deveriam ser seguidos pelos colonos. Seus membros desfrutavam de respeito e exerciam forte influência sobre toda a sociedade.

Engenho de açúcar no Brasil, óleo sobre tela de Frans Post, feito no século XVII. Acervo do Museu do Louvre, Paris, França. Foto de 2015.

As mulheres na Colônia

A família patriarcal era predominante nas camadas mais ricas da sociedade, principalmente entre os proprietários de terra das regiões açucareiras localizadas no Nordeste atual. Essas famílias eram grandes e constituídas por parentes, alguns agregados e protegidos, e todos deviam obedecer à autoridade máxima do chefe da família, representada pela figura masculina. Geralmente, as mulheres quase não tinham liberdade nem autonomia para fazer as próprias escolhas. Eram educadas para casar, desempenhar o papel de mãe e cuidar dos afazeres do lar. Entretanto, em algumas ocasiões, na ausência do marido, muitas delas assumiam a administração da casa e dos bens.

As mulheres pobres costumavam realizar diversas tarefas e começavam a trabalhar ainda crianças. Além de cuidar dos serviços domésticos, muitas delas auxiliavam seus familiares na lavoura. Em geral, também estavam subordinadas a alguma figura masculina, como um membro da família ou um companheiro.

A maior parte das mulheres escravizadas trabalhava no campo, mas também realizava atividades domésticas, como cozinhar, limpar, fiar, fazer renda e cuidar dos filhos dos senhores. Assim como as mulheres de outras camadas sociais, elas não recebiam qualquer tipo de educação formal.

Patriarcal: relativo à autoridade do patriarca, isto é, do homem chefe de família.

Sincretismo religioso e as religiões afro-brasileiras

Os africanos escravizados trazidos para o Brasil possuíam as próprias religiões e divindades, como visto anteriormente. Muitas religiões tradicionais africanas estão fundamentadas em forças naturais, por isso suas divindades costumam ser associadas a elementos da natureza, como a terra, a água e os animais.

No Brasil, era comum que parte da comunidade católica interpretasse essas religiões como um tipo de feitiçaria. Dessa maneira, as manifestações religiosas de origem africana costumavam ser reprimidas pelos membros da Igreja.

O sincretismo religioso é comum até hoje no Brasil. Acima, celebração em homenagem ao dia de Santa Bárbara, conhecida como Iansã entre os adeptos de religiões afro-brasileiras. Foto de 2014, em Salvador (BA).

Para manter suas tradições religiosas e evitar que fossem perseguidos, os escravizados passaram a associar as diferentes divindades de origem africana a santos católicos. Desse modo, muitos africanos e afrodescendentes converteram-se à religião cristã, mas não deixaram de seguir suas crenças de origem.

Ao longo do tempo, a prática simultânea dessas diferentes crenças abriu caminho para que novas religiosidades com elementos de culturas distintas, como a africana, a indígena e a cristã, se desenvolvessem no Brasil.

Lendo

Receita

Esse gênero textual tem por objetivo orientar, passo a passo, a preparação de um prato. Geralmente, a receita pode ser encontrada em livros, sites, revistas e jornais.

Diversos pratos típicos da culinária brasileira são resultado da fusão cultural entre portugueses, indígenas e africanos.

Ao se estabelecerem no atual território brasileiro, os portugueses incorporaram alguns dos alimentos nativos a sua alimentação, como o milho e o amendoim. Ao mesmo tempo, mantiveram o hábito de consumir ingredientes tradicionais da culinária portuguesa, como a cebola, o alho, o gengibre, a canela e o cravo-da-índia.

Com a vinda de africanos escravizados para a Colônia, outros ingredientes foram introduzidos na culinária, como o leite de coco, o azeite de dendê e a pimenta-malagueta.

Um exemplo da fusão dessas três culturas é o vatapá, um dos pratos típicos de nosso país. Leia na página a seguir uma receita desse prato.

Antes da leitura

1. Você conhece algum prato típico da culinária brasileira?
2. Você já preparou ou ajudou alguém a preparar um prato seguindo as instruções de uma receita? O que foi preparado?
3. De que modo você imagina que um prato como o vatapá é preparado?
4. Você conhece alguma região do Brasil em que o preparo do vatapá é bastante comum?

▌**LEMBRE-SE!**
Nas questões 3 e 4 você levantou hipóteses que serão confirmadas ou reelaboradas depois da leitura.

Durante a leitura

À medida que for lendo:

a) observe a estrutura do texto da receita;

b) identifique os ingredientes que fazem parte da receita e quais deles aparecem em maior quantidade;

c) observe os ingredientes mencionados na receita e procure identificar a origem de alguns deles;

d) verifique a ordem das etapas da preparação que devem ser seguidas.

Depois da leitura

1. O vatapá é preparado da forma como você havia imaginado? Explique.
2. Você conhecia todos os ingredientes usados na receita de vatapá?
3. Com base na receita, cite ingredientes que:
   - são nativos da América;
   - foram introduzidos no Brasil pelos africanos;
   - são comuns na culinária portuguesa.
4. Com base na receita e nos conteúdos estudados nesta unidade, o que podemos concluir sobre a formação da cultura brasileira?

Receita de vatapá

Ingredientes:

2 xícaras de chá de fubá;
3 colheres de sopa de azeite de dendê;
2 colheres de sopa de óleo;
3 colheres de sopa de castanha de caju;
3 colheres de sopa de amendoim torrado;
2 colheres de sopa de gengibre;
1/2 kg de camarões frescos;
1/2 kg de camarões secos;
1/2 kg de posta de peixe;
1 1/2 xícara de chá de leite de coco;
1 dente de alho picado;
1 cebola picada;
1/2 pimentão verde picado;
Água quente (aproximadamente 2 litros);
Pimenta-malagueta, sal e coentro a gosto.

Ingredientes do vatapá.

Por que nas receitas costuma ser empregada a expressão "a gosto"?

Modo de preparo:

Em uma panela, cozinhe o peixe e, depois, faça o mesmo com os camarões.

Triture em um processador ou liquidificador o gengibre, o amendoim, a castanha de caju e os camarões secos. Depois, reserve essa mistura.

Em uma panela grande, aqueça um pouco de óleo e refogue a cebola, o alho e o pimentão. Em seguida, adicione o coentro, o peixe e os camarões com um pouco de seus caldos e deixe cozinhar por alguns minutos. Na sequência, adicione o gengibre, o amendoim, a castanha de caju e os camarões secos moídos. De maneira cautelosa, vá adicionando a água, sempre mexendo.

Em seguida, acrescente o leite de coco e o dendê.

Em um recipiente separado, dissolva o fubá em água e, depois, adicione os demais ingredientes. Mexa até que o fubá esteja completamente cozido e comece a aparecer o fundo da panela.

Sirva o vatapá quente em uma travessa, que pode ser enfeitada com alguns camarões.

Em uma receita, geralmente os verbos são empregados no modo imperativo. Por que isso ocorre?

Fonte de pesquisa: Vatapá. Edu Guedes. Disponível em: <http://receitas.eduguedes.com.br/vatapa>. Acesso em: 20 jun. 2016.

205

Atividades

Organizando o conhecimento

1. As frases abaixo apresentam fases do tráfico humano na época da escravidão no Brasil. Copie-as no caderno, colocando-as na ordem dos acontecimentos.

   a) Ao chegar à Colônia, os escravizados eram desembarcados e conduzidos até a alfândega, local onde eram feitos os registros e os pagamentos de impostos devidos. Depois, eram levados para os locais de venda, como os mercados.

   b) Os pombeiros capturavam e escravizavam as pessoas no interior da África e as levavam até as feitorias, onde eram trocadas por mercadorias de pouco valor.

   c) Nos mercados, os escravizados eram exibidos aos compradores e, quando algum deles era vendido, geralmente acabava separado de sua família.

   d) Nas feitorias, as pessoas escravizadas eram vendidas e embarcadas nos navios negreiros destinados à Colônia.

2. Por que o tráfico de pessoas escravizadas era tão lucrativo para a Coroa portuguesa?

3. Imagine que você é um viajante que visitou um engenho no Brasil no século XVII. Escreva uma carta para um amigo explicando como era e como funcionava um engenho de açúcar nessa época.

4. De que modo os escravizados resistiram à escravidão no Brasil?

5. Como era a vida das mulheres na sociedade colonial? Em sua opinião, quais são as semelhanças e as diferenças se compararmos com a atualidade?

Conectando ideias

6. **Analise** o gráfico a seguir e, depois, responda às questões.

Fonte: Mary Del Priore; Renato Venâncio. *Uma história da vida rural no Brasil*. Rio de Janeiro: Ediouro, 2006. p. 35.

   a) Qual foi o maior preço do açúcar registrado entre os anos de 1550 e 1625?

   b) No período de 1650 a 1750, qual foi o menor preço registrado?

   c) Quantos anos se passaram entre o menor e o maior registro de preço apresentado nesse gráfico?

   d) Quantos anos se passaram desde que as primeiras mudas de cana foram plantadas no território até o açúcar atingir seu preço mais alto?

7. Leia o texto a seguir e **relacione**-o com os problemas ambientais ligados à cultura da cana-de-açúcar no Brasil colonial.

> Ainda nos séculos XVI e XVII, a Mata Atlântica, que abastecia os engenhos de madeira, parecia inextinguível. Como qualquer colônia de exploração, o Brasil sofreu a dilapidação brutal de seus recursos naturais. O impacto direto das atividades coloniais sobre os ecossistemas existentes causou imediatos prejuízos, sem contar a introdução de espécimes alienígenas que, dentro desses contextos perturbados, reproduziram-se de forma descontrolada. Animais, vegetais, ervas daninhas e micro-organismos patológicos se disseminaram de forma voluntária ou não, interferindo na paisagem.
>
> O território não possuía fronteiras limitadas; nele, uma lavoura desgastada era imediatamente substituída por outra. Os conhecimentos agronômicos eram precários e não ajudavam a combater o modelo usado. Pior, a concessão fácil de terras, sobretudo à elite, estimulava a prática de explorá-las de forma pouco cuidadosa.
>
> Mary Del Priore; Renato Venâncio. *Uma história da vida rural no Brasil*. Rio de Janeiro: Ediouro, 2006. p. 45-46.

Caminhão carregado de toras de árvores extraídas ilegalmente, em Porto Seguro (BA). Foto de 2010.

a) De acordo com o texto, quais foram os principais problemas ambientais causados aos ecossistemas no Brasil? Por quais motivos isso ocorria?

b) Releia as páginas **196** e **197** e cite alguns tipos de atividades em que se usava a madeira nos engenhos e que, com sua exploração desenfreada, poderia causar a devastação da mata nativa.

c) Atualmente, mesmo com conhecimentos agronômicos mais avançados, problemas como a devastação das matas nativas ainda persistem. Por que será que isso ocorre? Converse com seus pais ou responsáveis e dê sua opinião sobre isso.

> **Ecossistema:** sistema que inclui o conjunto de seres vivos e o ambiente, assim como a relação estabelecida entre eles.

8. Leia o texto a seguir, que trata de aspectos da resistência dos escravizados no Brasil, e, depois, responda às questões.

> Sobretudo depois de chegarem da África, os escravos começavam a sofrer um processo de destruição da sua antiga cultura. Eram batizados de forma compulsória, passando a ser membros da Igreja católica. [...] Dessa maneira, desapareceram línguas, deuses e crenças religiosas, laços familiares, festas, usos e costumes, formas de organização social e política, e outras manifestações da cultura original dos cativos. Estes, no entanto, conseguiram preservar inúmeros de seus traços culturais, muitas vezes africanizando elementos da cultura dos brancos. É fato conhecido, por exemplo, que, para continuar no Brasil o culto das divindades africanas, os negros as identificaram a santos católicos, como São Jorge, São Benedito ou a Virgem Maria.
>
> Raymundo Campos. *Debret*: cenas de uma sociedade escravista. São Paulo: Atual, 2001. p. 65.

a) Como os colonizadores europeus procuravam controlar os povos dominados?

b) De qual forma de resistência dos africanos escravizados o autor trata no texto? Como ela ocorria?

CAPÍTULO 17
Os holandeses no Brasil

Como vimos, a produção e o comércio do açúcar geravam muitas riquezas para os colonizadores e também para o governo português. Assim, outras nações europeias começaram a investir em projetos de conquista e de ocupação das colônias ibéricas.

União Ibérica

União Ibérica foi o nome dado à unidade política das coroas de Portugal e da Espanha, entre os anos de 1580 e 1640.

Essa união foi resultado de uma crise que teve início em 1578, referente à sucessão do reino de Portugal após a morte do rei português dom Sebastião. Como ele não tinha herdeiros diretos, quem assumiu o trono foi seu tio, dom Henrique, que faleceu em 1580, também sem deixar herdeiros. Houve, então, uma disputa entre sucessores portugueses e espanhóis.

Assim, ainda em 1580, a Espanha invadiu Portugal, dando início à união das coroas. A Espanha passou a dominar o reino de Portugal e a controlar as colônias portuguesas, entre elas o Brasil.

Os holandeses, em 1621, fundaram a **Companhia das Índias Ocidentais**, com o objetivo de ocupar as colônias espanholas e portuguesas na América e na África e lucrar com a produção de açúcar.

Eles já conheciam bem o processo de refinamento e de comercialização desse produto, pois Portugal e Holanda mantinham relações comerciais e era em Amsterdã, capital da Holanda, que o açúcar produzido pelos portugueses no Brasil era refinado e distribuído para o mercado europeu.

Até meados do século XVI, a Holanda era uma antiga possessão da Espanha. Sua independência foi proclamada em 1581, após um período de revolta e de guerras contra os espanhóis. Com a criação da **União Ibérica** (veja o boxe ao lado), a Holanda, que já era uma grande potência comercial e marítima, via a conquista de colônias ibéricas, principalmente o Brasil, como um modo de se apossar de territórios da Espanha.

Após a criação da Companhia das Índias Ocidentais, foram feitos grandes investimentos na frota naval holandesa. Desse modo, a Holanda tornou-se uma potência naval militar e comercial. Ao lado, representação de embarcações holandesas produzida em 1649. Óleo sobre painel do pintor holandês Simon de Vlieger (1601-1653). Acervo do Museu de História da Arte, Viena, Áustria. Foto de 2014.

208

A ocupação do Nordeste

Os holandeses pretendiam realizar o que chamavam de "conquista duradoura" no Brasil. Com esse objetivo, em 1623, a Companhia das Índias Ocidentais organizou uma esquadra naval formada por 26 navios, 3300 homens e 450 canhões.

Eles chegaram à Bahia em 1624 e tentaram ocupar Salvador, sede do Governo-Geral do Brasil. Porém, a capitania era muito bem fortificada e resistiu à invasão. Assim, em 1625, tropas portuguesas e espanholas conseguiram expulsar os holandeses da região.

Pouco tempo depois, em 1630, em uma nova tentativa, com maior conhecimento estratégico da região obtido nas campanhas anteriores, os holandeses invadiram Pernambuco e dominaram grande parte do litoral do atual Nordeste do Brasil.

O governo de Nassau

Entre os anos de 1637 e 1644, a colônia holandesa no Brasil, chamada Nova Holanda, foi administrada pelo conde Maurício de Nassau (1604-1679). Um dos primeiros desafios do governo de Nassau foi reativar a produção de açúcar na região, que se encontrava paralisada por causa dos conflitos decorrentes da invasão holandesa.

A maior parte dos engenhos havia sido destruída, e muitas propriedades rurais foram abandonadas. Isso comprometeu a produção do açúcar, pois mesmo com a relevância de outros itens produzidos na Colônia, como o algodão e o tabaco, o açúcar ainda era o principal produto de exportação. Então, a Companhia das Índias Ocidentais financiou muitos colonos portugueses na aquisição de terras, trabalhadores escravizados e equipamentos para retomar a produção do açúcar.

Assim como a colonização portuguesa, o projeto holandês estava voltado à exploração da Colônia por meio da produção e da comercialização do açúcar e do comércio de escravizados. Além disso, o plano de colonização dos holandeses tinha como objetivo a **urbanização** do território. Dessa maneira, durante o governo de Nassau, Recife, que antes era um pequeno vilarejo, tornou-se a capital de Pernambuco. A cidade transformou-se com a construção de prédios, fortes, hospitais, obras sanitárias, pontes, ruas, jardins e canais.

Óleo sobre tela do artista Gillis Peeters (1612-1653), que mostra o Recife e seu porto em 1637. Coleção particular. Foto de 2015.

+ Saiba mais

Arte e ciência no Brasil holandês

O governo de Nassau foi marcado também pelos investimentos e pelos avanços nos campos artístico, cultural e científico. Em 1637, Nassau trouxe em sua comitiva um grupo de 46 pessoas, formado por pintores, cronistas, naturalistas, arquitetos, cartógrafos, médicos, entre outros. Eles foram responsáveis por reproduzir paisagens, fazer mapas, catalogar espécies de plantas e de animais e retratar a população local.

O texto a seguir aborda a preocupação de Nassau com a arte e a ciência.

> [...] Ele procurou dotar seu palácio — o de Friburg — de espaços apropriados para os estudos de plantas e animais locais e de outros pontos do planeta. Graças ao jardim botânico então construído no palácio, muitas plantas frutíferas puderam ser cultivadas e estudadas e muitas espécies de árvores tropicais foram transplantadas, também com a finalidade de estudo. [...]
>
> Luiz Geraldo Silva. *O Brasil dos holandeses*. São Paulo: Atual, 1997. p. 34 (Coleção A Vida no Tempo).

Capa da obra *História Natural do Brasil*, de Willem Piso e George Marcgraf, publicada em 1648.

Óleo sobre tela do artista holandês Albert Eckhout (c. 1610-c. 1665), do século XVII, que representa um aspecto da flora americana. Acervo particular. Foto de 2014.

Óleo sobre madeira de Albert Eckhout, do século XVII, que representa um homem tupi. Acervo do Museu Nacional da Dinamarca, Copenhague, Dinamarca. Foto de 2015.

A expulsão dos holandeses

Em 1640, a união política entre as coroas portuguesa e espanhola (União Ibérica, como vimos anteriormente) chegou ao fim. Assim, Portugal restaurou sua monarquia, mas encontrava-se em um período de crise econômica, o que retardou a tentativa de retomar o controle de suas possessões, principalmente as que estavam sob domínio holandês, que se efetivou apenas nos anos seguintes.

No Brasil, a situação estava cada vez mais complicada, especialmente para os colonos portugueses. Muitos deles eram senhores de engenho endividados por não conseguirem pagar os altos juros cobrados pelos financiamentos oferecidos pela Companhia das Índias Ocidentais, no início do governo de Nassau.

Quando a Companhia decidiu cobrar dos senhores de engenho as dívidas atrasadas, gerou grande descontentamento entre eles. Isso contribuiu para que esse grupo se manifestasse contra a presença holandesa no Brasil, aliando-se posteriormente às tropas luso-brasileiras nas batalhas pela expulsão dos holandeses.

Após uma série de conflitos, os holandeses foram derrotados e obrigados a se retirar do Brasil, em 1654, encerrando, assim, o período de dominação holandesa no Nordeste brasileiro.

Batalha dos Guararapes (detalhe), óleo sobre tela de 1758, de autoria desconhecida. Essa imagem representa uma das principais batalhas que contribuiu para a expulsão dos holandeses do Brasil. Acervo do Museu Histórico Nacional, Rio de Janeiro (RJ). Foto de 2015.

A concorrência com o açúcar das Antilhas

Como vimos, os holandeses já conheciam o processo de refinamento e comercializavam o açúcar. Durante o tempo que permaneceram no Brasil, desenvolveram todas as etapas de produção de açúcar. Depois que foram expulsos, utilizaram esse conhecimento na produção açucareira em suas colônias nas Antilhas. A oferta do açúcar antilhano no mercado europeu desvalorizou o produto brasileiro, agravando a crise econômica em Portugal.

O texto a seguir apresenta alguns dados referentes ao rendimento do açúcar nos mercados mundiais no século XVII.

> [...] Em 1650, quatro anos antes da expulsão dos holandeses, o açúcar [produzido no Brasil] rendia 3,8 milhões de libras nos mercados mundiais. Em 1700 — com o aumento da produção antilhana — o rendimento total das exportações decaíra para 1,8 milhão de libras esterlinas. A sociedade açucareira começava a perder seu fundamento econômico.
>
> *Saga*: a grande História do Brasil. São Paulo: Abril Cultural, 1981. v. 1. p. 188.

Libra esterlina: unidade monetária utilizada no Reino Unido. A libra esterlina até hoje é a moeda oficial do Reino Unido, circulando em países como a Inglaterra e a Escócia.

> Qual era o rendimento do açúcar produzido no Brasil em 1650? E em 1700? Por que houve essa diferença?

Atividades

Organizando o conhecimento

1. Explique o que foi a União Ibérica.

2. Comente as consequências da União Ibérica para o Brasil.

3. Quais foram as principais mudanças ocorridas nas cidades colonizadas pelos holandeses?

4. Como era a produção açucareira no período holandês?

Conectando ideias

5. **Analise** a pintura a seguir e depois responda às questões.

Acima, foram representadas algumas etapas da produção do açúcar em um engenho. Desenho produzido em 1640, por Frans Post.

a) **Identifique** a data e o autor da pintura.

b) **Descreva** os diferentes elementos representados nessa pintura.

c) O autor dessa obra fazia parte da comitiva que veio ao Brasil com Maurício de Nassau em 1637. Que outros profissionais participaram dessa comitiva? Qual era seu objetivo?

d) Quais relações podem ser estabelecidas entre a pintura e os assuntos que você estudou nesta unidade?

6. Durante o período em que ocuparam parte do atual Nordeste brasileiro, os holandeses enviaram diversos relatórios para a Holanda. Em um deles, datado de 1638 e intitulado *Breve discurso sobre o estado das quatro capitanias conquistadas no Brasil*, eles relataram aspectos dos costumes e da população da Colônia. **Leia**, a seguir, um trecho desse relatório e, depois, responda às questões.

> Os portugueses são em geral pouco curiosos com relação às suas casas e à direção doméstica, contentando-se com uma casa de barro, contanto que vá bem o seu engenho ou a sua cultura.
>
> Possuem poucos móveis além daqueles que são necessários para a cozinha, cama e mesa e não podem ser dispensados. O seu maior luxo consiste em servirem-se à mesa de baixela de prata. Os homens usam pouco de vestidos custosos, vestem-se de estofos ordinários ou ainda de pano, trazendo os calções e o gibão golpeados com grandes cortes por onde se deixa ver um pouco de tafetá. As mulheres, porém, vestem-se custosamente e se cobrem de ouro, trazem poucos diamantes ou nenhum, e poucas pérolas boas, e se ataviam muito com joias falsas. Só saem cobertas e são carregadas em uma rede sobre a qual se lança um tapete, ou encerradas em uma cadeira de preço, de modo que elas se enfeitam para serem vistas somente pelas suas amigas e comadres.
>
> [...] Não há profusão nos seus alimentos, pois podem sustentar-se muito bem com um pouco de farinha e um peixinho seco, conquanto tenham galinhas, perus, porcos, carneiros e outros animais, de que também usam de mistura com aqueles mantimentos, sobretudo quando comem em casa de algum amigo. [...]
>
> Adriaen van der Dussen. Breve discurso sobre o estado das quatro capitanias conquistadas no Brasil. Em: Evaldo Cabral de Mello (Org.). *O Brasil holandês*: (1630-1653). São Paulo: Penguin Classics, 2010. p. 258-259.

Tafetá: tecido de fios de seda trançado.
Ataviar: enfeitar, embelezar.
Profusão: grande quantidade, abundância.

a) Segundo o relatório, como eram as casas dos portugueses no Brasil?

b) Como era a alimentação dos colonos portugueses?

c) Qual era a diferença entre as maneiras de se vestir dos homens e das mulheres?

d) Qual trecho do relato chamou mais sua atenção? **Explique**.

Verificando rota

O que você mais gostou de estudar nesta unidade? Organizem-se em grupos de três alunos para escolherem um tema desta unidade que vocês acharam interessante. Conversem sobre o assunto escolhido e, depois, produzam um texto coletivo para apresentarem aos demais colegas da classe. Para finalizar, responda aos seguintes questionamentos:

- Você teve alguma dúvida ao estudar os conteúdos da unidade? Qual(Quais)? Como buscou solucionar sua(s) dúvida(s)?
- Você procurou ampliar seus conhecimentos sobre os temas estudados nesta unidade? Qual(Quais)? De que maneira?
- Você acredita que os temas estudados podem ajudar a compreender melhor o Brasil dos dias de hoje? Por quê?
- Em sua opinião, qual foi a importância da resistência contra a escravidão?

CONTEÚDO NA VERSÃO DIGITAL

Ampliando fronteiras

As comunidades quilombolas

Grande parte das comunidades de origem africana formadas principalmente entre os séculos XVII e XIX constituem hoje as chamadas **comunidades quilombolas**. Você conhece alguma delas? Sabe se existem comunidades como essas no estado onde você mora?

Atualmente, o Brasil possui mais de 3 mil dessas comunidades espalhadas pelos diversos estados, com milhares de pessoas. Para se constituir oficialmente como comunidade quilombola, as pessoas que vivem nela devem, primeiramente, autodefinir-se de acordo com determinada identidade étnica e cultural. Somente dessa forma elas conseguem adquirir reconhecimento oficial do governo, podendo requisitar seus direitos e também investimentos para manter as necessidades básicas de seu dia a dia, como saneamento básico e educação, garantindo, assim, o direito à **cidadania**.

Waldomiro Neto

A educação escolar quilombola

No Brasil, cerca de 1900 escolas estão localizadas em comunidades quilombolas. Um dos direitos reivindicados por esses grupos é que as escolas contribuam para uma educação adequada aos costumes e às tradições locais.

Assim, em 2012, foram criadas as *Diretrizes Curriculares Nacionais para a Educação Escolar Quilombola*, legislação que busca garantir que as instituições escolares quilombolas promovam o respeito aos valores culturais dessas comunidades.

Essas diretrizes recomendam que a escola respeite as características da comunidade, por exemplo, oferecendo merendas feitas com alimentos típicos, realizando audiências públicas para a consulta direta aos quilombolas e propondo o estudo de temas ligados à cultura e à história locais.

A luta por direitos

Muitas comunidades quilombolas formaram-se há mais de 130 anos, ou seja, desde a época em que havia escravidão no Brasil. Os quilombolas buscam regularizar a posse de suas terras e querem ser reconhecidos pela sociedade.

Após anos de luta por direitos, finalmente, em 1988, a Constituição Brasileira garantiu a essas comunidades a propriedade das terras que ocupam e o direito de preservar suas tradições culturais. No entanto, somente em 2003, após a publicação de um decreto (Decreto n. 4 887/2003), foi estabelecida uma política sistematizada de regulamentação e demarcação das terras quilombolas.

1. Qual é a primeira condição necessária para que uma comunidade quilombola seja reconhecida oficialmente?

2. Forme um grupo com alguns colegas e acessem o *link* do Instituto Nacional de Colonização e Reforma Agrária (Incra): <www.incra.gov.br/memoria_quilombola> (acesso em: 23 jun. 2016). No *site*, cada grupo deverá escolher um dos cadernos da *Coleção Terras de Quilombos* e organizar uma apresentação oral, para o restante da turma, sobre o modo de vida e a trajetória da comunidade escolhida.

3. Depois de ouvir a apresentação dos colegas, conversem sobre os tópicos a seguir.
   a) O que mais chamou sua atenção ao conhecer essas comunidades?
   b) Por que é importante que esses grupos sejam reconhecidos pela sociedade?
   c) Podemos afirmar que as comunidades quilombolas mantêm vivas a história e a cultura de seus antepassados que lutaram contra a escravidão? Por quê?

Ação e construção

Feira da cultura afro-brasileira

Desde que começaram a ser trazidos para o Brasil, a partir do século XVI, para trabalhar na condição de escravos, os africanos e seus descendentes resistiram física e culturalmente à situação de violência e opressão a que eram submetidos. Alguns elementos de sua cultura que foram preservados tornaram-se parte importante da cultura e da identidade brasileira. O texto a seguir aborda a influência cultural africana na formação da cultura brasileira.

Bate-papo inicial

Como a cultura afro-brasileira está presente em seu dia a dia? Cite exemplos.

Em sua opinião, a cultura afro-brasileira é devidamente valorizada pelas pessoas? Explique.

[...]
Além de ser central nos cultos religiosos a música de influência africana, na qual o tambor geralmente é o instrumento mais importante, também é fundamental em muitas outras ocasiões de festa e danças. Ao lado do tambor, outros instrumentos, como o berimbau, o agogô e o reco-reco, se juntaram aos de origem lusitana [...]. Nas congadas, maracatus, capoeiras e reisados os ritmos africanos estão na base da música tocada. Também os sambas de umbigada e de roda, os jongos, o frevo e muitas outras danças têm passos mais ou menos fiéis àqueles que realizaram os primeiros africanos e afrodescendentes que dançaram em terras brasileiras. [...]

Se passarmos dos ritos religiosos, festas, danças e músicas – alimento do espírito – para esferas mais materiais, veremos a influência africana na culinária brasileira, principalmente na Bahia, onde o uso da pimenta e do azeite de dendê lembra a proximidade que ela já teve com a Costa da Mina. Acarajé, vatapá, aluá, xinxim de galinha são alguns dos pratos que, além do nome, têm receitas parecidas com as feitas na África, satisfazendo o paladar dos que se criaram dentro dos gostos dos seus pais. [...]

Ainda no que toca aos aspectos materiais da vida é bom lembrar que muitas técnicas de produção e de confecção de objetos foram trazidas para o Brasil por africanos, que além da sua força de trabalho também nos deram alguns de seus conhecimentos. [...] Os artesãos e especialistas trouxeram não só suas técnicas mas também seus padrões estéticos, presentes nas formas, nas decorações, nas cores das coisas que faziam. [...]

Marina de Mello e Souza. *África e Brasil africano.* São Paulo: Ática, 2007. p. 134-136.

1. Quais elementos de influência africana presentes no texto você já conhece ou ouviu falar?

2. Além dos elementos culturais tradicionais citados no texto, você conhece outras manifestações culturais afro-brasileiras?

Mão na massa

Conhecer e valorizar os elementos da cultura afro-brasileira é uma maneira de reconhecermos a luta e a resistência empreendida historicamente pelos descendentes de africanos.

Nesta seção, vamos organizar uma feira cultural com o tema "**A cultura afro-brasileira**", com o objetivo de levar a comunidade escolar a reconhecer e valorizar a diversidade cultural brasileira e a história dos afrodescendentes.

▶ 1º passo • Planejamento

Pesquisa

Com o auxílio do professor, dividam-se em grupos. Cada grupo ficará responsável por realizar uma pesquisa sobre um dos temas sugeridos a seguir.

Língua

A importância das línguas africanas na formação do vocabulário brasileiro.

Música

A influência africana e a importância da cultura afro-brasileira na música popular brasileira atual.

Expressões corporais

Tipos de dança de influência africana, como o congado e o jongo, além de outras expressões corporais, como a capoeira.

Artes plásticas

Expressões culturais como pinturas, gravuras e esculturas produzidas por artistas afro-brasileiros como Arthur Bispo do Rosário, Heitor dos Prazeres, Ana das Carrancas e Arthur Timóteo da Costa.

Culinária

Pratos típicos como o acarajé e o vatapá, além de ingredientes como a pimenta, o azeite de dendê e o leite de coco.

O *site* A Cor da Cultura é um portal de divulgação do projeto educativo com o mesmo nome. Nele, você vai encontrar notícias, artigos, entrevistas e reportagens que têm como principal objetivo a valorização da cultura afro-brasileira e do respeito à diversidade étnica e cultural brasileira.

A Cor da Cultura. Disponível em: <http://www.acordacultura.org.br>. Acesso em: 23 jun. 2016.

O documentário *O povo brasileiro* é baseado na obra do antropólogo brasileiro Darcy Ribeiro. Nos vários episódios desse documentário, procura-se responder à questão "quem são os brasileiros?", com a investigação da contribuição dos povos indígenas, africanos e europeus para a formação do povo brasileiro.

O povo brasileiro. Direção: Isa Grinspum Ferraz. Brasil, 2000 (280 min).

Organização da feira

Cada grupo deverá organizar os dados pesquisados e pensar em atividades para serem apresentadas. Usem a criatividade! É possível produzir painéis e cartazes, montar apresentações musicais, danças ou teatros, degustar pratos típicos, etc. A intenção é produzir o máximo de atividades que façam a comunidade escolar aproximar-se da cultura afro-brasileira.

Verifiquem o melhor local para as apresentações. Elas poderão ser realizadas em lugares como a sala de aula, a quadra poliesportiva, o pátio da escola, entre outros. Certifiquem-se de que haverá espaço suficiente para acolher todos os grupos e os convidados.

Caso haja apresentações artísticas, a turma deverá organizar um cronograma para estabelecer a ordem e o tempo de cada uma.

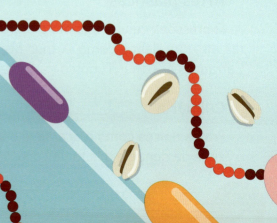

2º passo • Execução

Preparação para a feira

Com o auxílio e a orientação do professor, realizem um ensaio geral de todas as apresentações, a fim de receberem as últimas instruções e corrigirem possíveis falhas.

Um dia antes da realização da feira, organizem o ambiente reservado para o evento.

No caso da apresentação de painéis e cartazes, certifiquem-se de que as informações estejam legíveis e à vista do público.

Divulguem para os convidados (familiares e outros membros da comunidade escolar, por exemplo) a data e o local onde será realizada a feira.

3º passo • Divulgação

Divulgação e realização da feira

É hora de apresentar os trabalhos preparados! Cheguem à escola com antecedência e repassem os últimos detalhes entre os integrantes do grupo e também com os outros grupos.

As apresentações devem ser realizadas conforme o cronograma estabelecido.

É importante ficarem atentos à reação das pessoas durante as apresentações, avaliando se o objetivo da feira está sendo alcançado.

Avaliação

Depois da realização da feira cultural, avalie sua participação em cada etapa. Reflita sobre as principais dificuldades que você teve, assim como as tarefas que mais despertaram seu interesse. As questões a seguir vão auxiliá-lo em sua autoavaliação. Responda em folha separada e entregue-a ao professor.

1. De maneira geral, como você avalia sua participação durante o processo de realização da feira cultural? Considera que poderia melhorar sua participação? Por quê?
2. Você acompanhou os trabalhos realizados pelos outros grupos, contribuindo com críticas e sugestões?
3. Soube dialogar respeitosamente com pessoas que tinham opiniões diferentes das suas? Cumpriu todos os compromissos que assumiu com o grupo?
4. Você mudou seu modo de pensar sobre algum aspecto da cultura afro-brasileira? Qual? Explique.

Promover feiras culturais como esta transforma a escola em um espaço privilegiado para a socialização do conhecimento, difundindo a riqueza e a diversidade da cultura afro-brasileira. Esta pode ser uma das formas de combater o racismo e o preconceito, enfrentados por grande parte da população afrodescendente ainda nos dias de hoje.

▶ Aprenda mais

UNIDADE 1 A Europa na Idade Média

Rei Artur

O filme conta a história do Rei Artur, figura lendária britânica que teria liderado a defesa do território da Grã-Bretanha contra a invasão dos saxões durante o século V. Além disso, o filme aborda também a crise que levou à queda do Império Romano do Ocidente no ano de 476.

Rei Artur. Direção: Antoine Fuqua. Estados Unidos, 2004 (125 min).

UNIDADE 2 O mundo árabe e o islamismo

As melhores histórias das mil e uma noites

Esse livro apresenta diversos contos da tradição oral de origem árabe, transcritos em uma coletânea conhecida como *As mil e uma noites*. Leia na obra algumas dessas narrativas e conheça mais sobre o mundo e a cultura árabes.

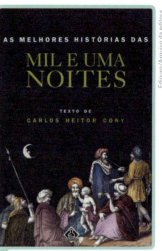
As melhores histórias das mil e uma noites, de Carlos Heitor Cony. Rio de Janeiro: Ediouro, 2004.

UNIDADE 3 Os povos da África

Kiriku e a feiticeira

A animação *Kiriku e a feiticeira* é baseada em uma lenda africana de tradição oral. De acordo com essa narrativa, o menino Kiriku passa por uma grande aventura ao defender sua aldeia de uma feiticeira. Assista ao filme e veja como Kiriku usa sua astúcia para descobrir o segredo da feiticeira e salvar a aldeia onde mora.

Kiriku e a feiticeira. Direção: Michel Ocelot. França, 1998 (74 min).

UNIDADE 4 O Oriente: China e Japão

Marco Polo e sua maravilhosa viagem à China

Saiba mais sobre a China e suas tradições e sobre o imaginário que envolvia as viagens marítimas na época seguindo os passos da viagem feita por Marco Polo. Morador da cidade de Veneza, na Itália, Marco Polo conta como realizou sua viagem ao Oriente no século XIII. Esse livro apresenta também inúmeras sugestões de atividades práticas interessantes.

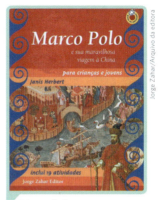

Marco Polo e sua maravilhosa viagem à China: para crianças e jovens, de Janis Herbert. Rio de Janeiro: Jorge Zahar, 2003.

UNIDADE 5 A América antes dos europeus

Povos indígenas do Brasil

Esse *site*, voltado para jovens estudantes, reúne diversas informações e imagens sobre os povos indígenas do Brasil. Acesse-o e entre em contato com as culturas desses povos, conhecendo mais sobre suas moradias, seus costumes, suas línguas, sua religiosidade, etc.

Povos Indígenas do Brasil. Disponível em: <www.pibmirim.socioambiental.org>. Acesso em: 12 jun. 2016.

Os gêmeos do Popol Vuh

O Popol Vuh é um registro documental sobre a mitologia maia e suas concepções acerca do Universo. Por meio de contos, esse livro apresenta algumas dessas histórias, o que nos permite compreender a cultura e a visão de mundo dos maias.

Os gêmeos do Popol Vuh, narrado por Jorge Luján. Trad. Heitor Ferraz Mello. São Paulo: SM, 2008 (Coleção Cantos do Mundo).

221

UNIDADE 6 — A Europa Moderna

 Hamlet de William Shakespeare

Nessa história em quadrinhos, você conhecerá, de forma leve e empolgante, um dos maiores clássicos da literatura. Originalmente criada por Shakespeare no período renascentista, essa obra conta a história de um príncipe que, após a morte de seu pai, passa a refletir sobre a própria existência.

Hamlet de William Shakespeare, adaptado por Wellington Srbek e Alex Shibao. São Paulo: Nemo, 2013.

UNIDADE 7 — A colonização da América

 Brasil no olhar dos viajantes

Esse documentário de quatro episódios é disponibilizado no *site* da TV Senado. Por meio de imagens, documentos e depoimentos de especialistas, você vai conhecer como viajantes europeus viam o Brasil no período colonial.

Brasil no olhar dos viajantes. 4 episódios. Direção: João Carlos Fontoura. Brasil, 2012 (60 min). Disponível em: <www.senado.gov.br/noticias/TV/Video.asp?v=216906>. Acesso em: 20 jun. 2016.

UNIDADE 8 — O Brasil colonial

 O Diário de Dandara

Dandara é uma menina de 13 anos que tem uma avó quilombola, ancestral do povo iorubá. Em seu diário, Dandara conta tudo o que aprendeu com sua avó sobre os quilombos, sobre seus antepassados africanos e sobre as tradições que esses povos adotaram aqui no Brasil durante a colonização.

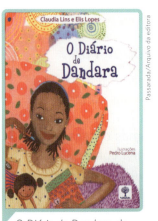

O Diário de Dandara, de Claudia Lins e Elis Lopes. Maceió: Passarada, 2010.

Referências bibliográficas

ALMANAQUE ABRIL 2015. São Paulo: Abril, 2015.

ARIÈS, Philippe; DUBY, Georges (Dir.). *História da vida privada*. Trad. Hildegard Feist. São Paulo: Companhia das Letras, 1995. 5 v.

BAUSSIER, Sylvie. *Pequena história do tempo*. Trad. Pauline Alphen. São Paulo: SM, 2005 (Coleção Pequenas Histórias dos Homens).

BETHELL, Leslie (Coord.). *História da América Latina*. São Paulo: Edusp; Brasília: Fundação Alexandre Gusmão, 2004-2005. 6 v.

BLOCH, Marc. *Apologia da história ou o ofício do historiador*. Trad. André Telles. Rio de Janeiro: Jorge Zahar, 2001.

BOSCHI, Caio César. *Por que estudar História?* São Paulo: Ática, 2007.

BOSI, Ecléa. *Memória e sociedade*: lembranças de velhos. São Paulo: Companhia das Letras, 1994.

CALDEIRA, Jorge (Org.). *Brasil*: a história contada por quem viu. São Paulo: Mameluco, 2008.

CARVALHO, José Murilo de. *Os bestializados*: o Rio de Janeiro e a República que não foi. São Paulo: Companhia das Letras, 2006.

COSTA, Emília Viotti da. *Da Monarquia à República*: momentos decisivos. 9. ed. São Paulo: Ed. Unesp, 2010.

DEL PRIORE, Mary (Org). *História das mulheres no Brasil*. 8. ed. São Paulo: Contexto, 2006.

DEL PRIORE, Mary; VENANCIO, Renato. *Uma história da vida rural no Brasil*. Rio de Janeiro: Ediouro, 2006.

DORATIOTO, Francisco. *Maldita guerra*: nova história da Guerra do Paraguai. São Paulo: Companhia das Letras, 2002.

DUBY, Georges. *A Europa na Idade Média*. Lisboa: Teorema, 1989.

DUNCAN, David Ewing. *Calendário*. Rio de Janeiro: Ediouro, 1999.

FAIRBANK, John King; GOLDMAN, Merle. *China*: uma nova história. Trad. Marisa Motta. Porto Alegre: L&PM, 2008.

FARIA, Sheila de Castro. *Viver e morrer no Brasil colônia*. São Paulo: Moderna, 1999 (Coleção Desafios).

FAUSTO, Boris. *História do Brasil*. 14. ed. São Paulo: Edusp/FDE, 2012 (Coleção Didática).

FERREIRA, Antonio Celso; BEZERRA, Holien Gonçalves; DE LUCA, Tania Regina (Org.). *O historiador e seu tempo*: encontros com a história. São Paulo: Unesp/ANPUH, 2008.

FERREIRA, Marieta de Moraes; AMADO, Janaína (Org.). *Usos e abusos da história oral*. Rio de Janeiro: FGV, 2006.

FERREIRA, Olavo Leonel. *Visita à Grécia Antiga*. São Paulo: Moderna, 2003 (Coleção Desafios).

FRANÇA, Jean Marcel Carvalho. *A construção do Brasil na literatura de viagem dos séculos XVI, XVII e XVIII*: antologia de textos (1591-1808). Rio de Janeiro: José Olympio; São Paulo: Unesp, 2012.

FRANCO JÚNIOR, Hilário. *A Idade Média, nascimento do Ocidente*. São Paulo: Brasiliense, 2006.

FUNARI, Pedro Paulo. *A vida quotidiana na Roma Antiga*. São Paulo: Annablume, 2003.

_____ . *Grécia e Roma*. 4. ed. São Paulo: Contexto, 2007 (Coleção Repensando a História).

GOMES, Marcos Emílio (Coord.). *A Constituição de 1988, 25 anos*: a construção da democracia & liberdade de expressão. São Paulo: Instituto Vladimir Herzog, 2013.

HERNANDEZ, Leila Maria Gonçalves Leite. *A África na sala de aula*: visita à História contemporânea. São Paulo: Selo Negro, 2005.

HETZEL, Bia; NEGREIROS, Silvia (Org.). *Pré-História brasileira*. Rio de Janeiro: Manati, 2007.

HOBSBAWM, Eric J. *A Era das revoluções*: Europa 1789-1848. 25. ed. Trad. Maria Tereza Lopes; Marcos Penchel. Rio de Janeiro: Paz e Terra, 2009.

KARNAL, Leandro. *Estados Unidos*: a formação da nação. 4. ed. São Paulo: Contexto, 2007 (Coleção Repensando a História).

KARNAL, Leandro et al. *História dos Estados Unidos*: das origens ao século XXI. 3. ed. São Paulo: Contexto, 2015.

LE GOFF, Jacques. *As raízes medievais da Europa*. Petrópolis: Vozes, 2010.

LEICK, Gwendolyn. *Mesopotâmia*: a invenção da cidade. Trad. Álvaro Cabral. Rio de Janeiro: Imago, 2003.

LEWIS, Bernard. *O Oriente Médio*: do advento do cristianismo aos dias de hoje. Trad. Ruy Jungmann. Rio de Janeiro: Jorge Zahar, 1996.

LOWE, Norman. *História do mundo contemporâneo*. Trad. Cataldo Costa. Porto Alegre: Penso, 2011.

MENDONÇA, Marina Gusmão de. *Histórias da África*. São Paulo: LCTE Editora, 2008.

MORAES, Mário Sérgio de. *50 anos construindo a democracia*: do golpe de 64 à Comissão Nacional da Verdade. São Paulo: Instituto Vladimir Herzog, 2014.

MUNANGA, Kabengele; GOMES, Nilma Lino. *O negro no Brasil de hoje*. São Paulo: Global, 2006 (Coleção Para Entender).

NAPOLITANO, Marcos. *1964*: História do Regime Militar Brasileiro. São Paulo: Contexto, 2014.

NOVAIS, Fernando A. (Dir.). *História da vida privada no Brasil*. São Paulo: Companhia das Letras, 1997. 5 v.

PAULA, Eunice Dias de; PAULA, Luiz Gouveia de; AMARANTE, Elizabeth. *História dos povos indígenas*: 500 anos de luta no Brasil. Petrópolis: Vozes/Cimi, 1986.

PERRY, Marvin. *Civilização Ocidental*: uma história concisa. Trad. Waltensir Dutra; Silvana Vieira. 3. ed. São Paulo: Martins Fontes, 2002.

PESTANA, Fábio. *Por mares nunca dantes navegados*: a aventura dos descobrimentos. 2. ed. São Paulo: Contexto, 2015.

PILAGALLO, Oscar (Ed.). *O sagrado na história*: judaísmo. São Paulo: Duetto, 2010. v. 2 (História Viva).

_____ . *O sagrado na história*: islamismo. São Paulo: Duetto, 2010. v. 3 (História Viva).

PINSKY, Carla Bassanezi; LUCA, Tania Regina de (Org.). *O historiador e suas fontes*. São Paulo: Contexto, 2012.

PINSKY, Carla Bassanezi (Org.). *Fontes históricas*. 2. ed. São Paulo: Contexto, 2006.

PINSKY, Jaime; PINSKY, Carla Bassanezi (Org.). *História da cidadania*. São Paulo: Contexto, 2003.

PREZIA, Benedito; HOORNAERT, Eduardo. *Brasil indígena*: 500 anos de resistência. São Paulo: FTD, 2000.

REDE, Marcelo. *A Grécia Antiga*. São Paulo: Saraiva, 1999 (Coleção Que História é Esta?).

SAKURAI, Célia. *Os japoneses*. São Paulo: Contexto, 2014.

SCHAAN, Denise Pahl. *Cultura marajoara*. Rio de Janeiro: Senac Nacional, 2009.

SCHUMAHER, Schuma; BRAZIL, Vital. *Mulheres negras do Brasil*. Edição condensada. Rio de Janeiro: Senac Nacional, 2013.

SCHWARCZ, Lilia Moritz (Dir.). *História do Brasil nação*. Rio de Janeiro: Objetiva; Madri: Fundação MAPFRE, 2011-2014. 5. v.

SEVCENKO, Nicolau. *Literatura como missão*: tensões sociais e criação cultural na Primeira República. São Paulo: Companhia das Letras, 2003.

SILVA, Kalina Vanderlei; SILVA, Maciel Henrique. *Dicionário de conceitos históricos*. São Paulo: Contexto, 2006.

SOON, Tamara. *Uma breve história do Islã*. Trad. Maria Helena Rubinato Rodrigues de Sousa. Rio de Janeiro: José Olympio, 2011.

SOUZA, Marina de Mello e. *África e Brasil africano*. São Paulo: Ática, 2006.

THOMPSON, Edward P. *A formação da classe operária inglesa*. Trad. Denise Bottmann; Renato Busatto Neto; Cláudia Rocha de Almeida. Rio de Janeiro: Paz e Terra, 1987. 3 v. (Coleção Oficinas da História).

TODOROV, Tzvetan. *A conquista da América*: a questão do outro. Trad. Beatriz Perrone Moisés. 4. ed. São Paulo: Martins Fontes, 2010.

TOTA, Antonio Pedro. *Os americanos*. São Paulo: Contexto, 2009.

TURAZZI, Maria Inez; GABRIEL, Carmen Teresa. *Tempo e história*. São Paulo: Moderna, 2000.

VAINFAS, Ronaldo (Dir.). *Dicionário do Brasil Colonial*: 1500-1808. Rio de Janeiro: Objetiva, 2000.

_____ . *Dicionário do Brasil Imperial*: 1822-1889. Rio de Janeiro: Objetiva, 2002.

VISENTINI, Paula Fagundes; RIBEIRO, Luiz Dario Teixeira; PEREIRA, Analúcia Dnilevicz. *História da África e dos africanos*. Petrópolis: Vozes, 2013.

WHITROW, G. J. *O que é tempo?* Uma visão clássica sobre a natureza do tempo. Trad. Maria Ignez Duque Estrada. Rio de Janeiro: Jorge Zahar, 2005.